JN034161

自由に情報端末（デジタル）を
使えるようになるために

一人1台のルール

為田裕行［著］

協力：学校法人 佐藤栄学園
さとえ学園小学校

さくら社

はじめに

　GIGA スクール構想により、全国の小学校・中学校で児童生徒が一人１台の情報端末を持つこととなります。一人１台の情報端末は、Windows タブレット、Chromebook、iPad など自治体や学校によって、それぞれ選定されていますが、いずれの機種になるとしても「端末をどのように使えばいいのか」「子どもたちはきちんと使いこなすことができるだろうか」と心配されている先生も多いのではないかと思います。

　本書『一人１台のルール』は、GIGA スクール構想が発表される前、2018 年から一人１台の iPad 環境を実現している、さとえ学園小学校（埼玉県さいたま市）で子どもたちが一人１台の iPad をどのように使えるようにしているのか、を紹介したものです。

　本書のタイトルになっている『一人１台のルール』は、さとえ学園小学校で運用されている、「さとえ式レベルアップ型ルール」のことです。

　ルールというと、「○○をしてはいけない」という禁止型のルールを思い浮かべる方も多いかもしれませんが、さとえ式レベルアップ型ルールは、自由に iPad を使うことができるようになるためのルールです。さとえ学園小学校では、iPad は「かしこくなるための道具」として位置づけられています。したがって、「かしこくなるため」の使用を前提として、どのように使ってほしいのか、どういうことはできるようになっ

てほしいのか、ということを明確にしているのが特徴だと思います。

　先生方は、まずは子どもたちを信じて iPad を手渡してみる。そして、その実践を踏まえて次のステップへ進んでいきます。そのようになったいきさつについて、寄稿していただきました。

　実は、レベルアップ型ルールを設定する前は、児童会が定めたスローガン「iPad はかしこくなるための道具だ！」をもとに、児童がiPad を活用するに際して、かしこくなるためなのか、そうではないのかを自ら判断して活用させるようにしよう、というものでした。このスローガンで、子どもたちが少しの失敗をしながらも、自ら気づき、正しいモラルを身につけてくれるはずだ、ということを前提とする形でスタートしました。

　しかし、iPad はそう甘いものではありませんでした。日本に染み付いている「iPad ＝遊び道具」は払拭できませんでした。休み時間になると、授業の続きだといいながら授業と関係ないサイトを見て、それを友だちに紹介して伝染していき、授業中までも隠れて見ていくようになりました。とてもおもしろいことなのですが、注意されるとほとんどの子どもたちが、「○○先生が見ていいと言った。」という言い訳をします。また、ふざけた写真を撮り合って送り合った

り、フィルタリングをかいくぐってゲームができるサイトにたどり
ついたりすると、一気にまわりの子どもたちに広がり、ゲームセン
ター化します。

　こうして、iPad は、今の多くの日本の小学生にとってはコントロー
ルが難しい道具だということが判明しました。そこで、生み出され
たのが本書で紹介するレベルアップ型ルールです。

（伊藤元気　5年副担任・音楽科）

　このレベルアップ型ルールについて、本書は以下の構成で紹介します。
　第 1 章では、一人 1 台の iPad を子どもたちが使って、どのような授
業が行われているのか、学校の様子がどのように変わったのかについて
紹介しています。
　第 2 章では、さとえ式レベルアップ型ルールがどのようなものなの
かについて紹介しています。そして続く第 3 章で、さとえ式レベルアッ
プ型ルールを運用するために使っているツールについて紹介します。
　さとえ式レベルアップ型ルールの運用は、学校だけで行っているもの
ではなく、保護者も連携して運用されています。レベルアップのために
は、保護者からの評価も組み込まれています。そのため、保護者にも、
子どもたちが一人 1 台の iPad を持つとはどういうことなのか理解して

もらう必要があります。第4章では、保護者とどのように連携している
のかを紹介しています。

　第5章では、一人1台のiPadの活用が定着した後、学校の様子がこ
れからどのように変わっていくのかについて書きました。授業だけでは
なく、オンライン授業や保健室の運用など、今後に繋がる可能性を見つ
けてもらうことができるのではないかと思います。

　第6章では、さとえ式レベルアップ型ルールをつくり、運用してきた、
その土台にある考え方をまとめました。「どうしてこういう運用をして
いるのか」ということを深く知ることができると思います。

　また、さとえ学園小学校には全国から見学者が来校し、さとえ式レベ
ルアップ型ルールについて学んでいます。そのなかで、多くの見学者か
らいただいてきた質問についての回答をQ&Aの形でまとめました。

　最後に終章では、これから、さとえ学園小学校がどのような方向へ向
かっていくのか、ということについて書いています。

　各章で、さとえ学園小学校の先生方に具体的な話を寄稿していただき
ました。さとえ式レベルアップ型ルールのもと、実際に学校現場で子ど
もたちと保護者とともに一人1台のiPadを使っている先生方の知見が、
これから一人1台の情報端末を使いこなしていく先生方に役立つと思い
ます。

　この本で紹介している方法が、一人1台の情報端末を児童生徒が持つようになった学校において、ただ一つの正解というわけではありません。それぞれの学校の目指している教育目標、学校文化、子どもたちや保護者を取り巻く環境が違うので、それは当然です。ただ、考え方として、「かしこくなるための道具」としてiPadをどうやって自由に使ってもらうかを考えてつくられ、運用されてきた、この「さとえ式レベルアップ型ルール」は、この本を読んだ先生の学校に移植してつくることもできるのではないかと思います。

　それぞれの学校で、「一人1台のルール」が考えられ、運用され、子どもたちがかしこくなるための道具として一人1台の情報端末が使われるようになる、その助けになればと思います。

著者　為田裕行

第1章

学校生活が一気に変わった 一人1台iPad——学校生活のレポート

1 **朝の会** 14

2 **授業** 16

　1 国語 16

　2 算数 19

　3 社会 21

　4 理科 23

　5 生活科 25

　6 英語 28

　7 水族館 32

3 **休み時間** 33

4 **帰りの会** 35

第2章

さとえ式レベルアップ型ルール

1　レベルごとにできることが決められている ……… 41

　1 グリーン→ブルー→ゴールドの3つのレベル ………… 41

　2 学び方の自由の幅が広がっていく ………………… 44

　3 学年別のレベル割合 …………………………………… 45

2　レベルアップに必要な「スキル」と「モラル」 … 46

　1 グリーン→ブルーへのレベルアップ ……………… 46

　2 ブルー→ゴールドへのレベルアップ ……………… 47

3　レベルアップの判断 …………………………………… 49

　1 ツール ……………………………………………………… 49

　2 レベルアップの多面的評価 ………………………… 50

　3 グリーン→ブルーへのレベルアップ ……………… 51

　4 ブルー→ゴールドへのレベルアップ ……………… 52

　5 使える機能が増えることは子どもたちの憧れ ………… 53

4　レベルダウンの判断 ………………………………… 55

5　レベルアップ型ルールが生み出された理由 …… 57

第3章

レベルアップ型ルールの運用のために

1 チェックシート 62

　■ グリーン→ブルーへのチェックシートの書き方 63

2 スキルチェックテスト 65

　1 グリーン→ブルーへのスキルチェックテスト 65

　2 ブルー→ゴールドへのスキルチェックテスト 68

3 よい活用Book 71

4 デジタルツール 71

5 担当者の役割 77

第4章

保護者との連携で環境をつくる

1 デジタルで共有する 80

2 リアルに集える会 82

第5章

これからの学校のスタイル

1 リモート授業 …………………………………… 86

2 宿題 ……………………………………………… 91

　■1 学習補助教材（アプリ） ……………………… 92

　■2 課題提出ツール ………………………………… 93

　■3 長期休暇中の課題 ……………………………… 94

3 児童会活動 ……………………………………… 94

4 保健室から見たiPad と子どもたち …………… 97

　■1 健康問題の実情 ………………………………… 97

　■2 オンライン保健室とオンラインカウンセリングルーム …… 98

　■3 学校では依存の予防に重点を ………………… 99

第6章

レベルアップ型ルールを支える考え方

1 レベルアップ型ルールの基本理念 …………… 102

2 先生方の思い …………………………………… 109

　■1 校長先生より ………………………………… 109

　■2 一人1台で学校はどのようになるのか？ … 111

　■3 ICT メンバーより …………………………… 114

Q&A　こんな時どうしてますか？

Ｑ iPad を活用していく上でどうしても破損があると思います。
どのような破損がありますか？ ……………………………………… 116

Ｑ 破損した際は、どのような対応をしますか？ …………………… 116

Ｑ 壊した場合、保護者負担になるのですか？ ……………………… 118

Ｑ 落としてしまうことも考えて、
カバーは、丈夫なものがいいですか？ …………………………… 118

Ｑ 子ども自身でパスワードを管理できるか心配です。 …………… 118

Ｑ iPad を、校外に持っていくことはありますか？ ……………… 119

Ｑ iPad は、旅行先に持っていくことはできますか？ …………… 119

Ｑ 学校で設定しているiPad のプロファイルが
外れてしまうことはありますか？ ………………………………… 119

Ｑ iPad を家に忘れてしまった場合はどうしていますか？ ………… 119

Ｑ 充電ができていない場合はどうしますか？ ……………………… 120

Ｑ 学習とは関係のないことで利用していた場合は
どうしていますか？ ………………………………………………… 120

Ｑ ルールを守れなかった場合、取り上げることはしますか？ …… 121

Ｑ iPad のスキルアップ授業は行っていますか？ ………………… 121

Ｑ iPadじゃないと運用できないのでしょうか？ ………………… 121

Ｑ ICT スキルの年間計画はあるのですか？ ……………………… 123

Ｑ 軌道に乗せるためにどのような取り組みをしましたか？ ……… 125

終章　　その先へ

第1章

学校生活が一気に変わった一人1台iPad

──学校生活のレポート

※本書中、さとえ学園小学校の先生方に寄稿いただいた部分は、執筆された先生のお名前とともにグリーンのラインで表示してあります。

学校の
日常

　さとえ学園小学校では、2018年から一人1台のiPad（セルラーモデル）環境を実現し、学校生活のあらゆる場面で活用しています。さとえ学園小学校の子どもたちは、小学校1年生から6年生が完全に自分のものとしてiPadを持っていて、さまざまな場面で使っています。

　さとえ学園小学校の子どもたちがどんなふうに一人1台のiPadを活用しているのか、日常の様子を先生方にレポートしてもらいました。

1 ⠿ 朝の会

　朝、子どもたちが登校すると、教室で朝の会が行われます。時間割の確認、日直や係の人からの一日の情報の伝達、先生からの情報の伝達などがなされます。日本中どこの学校でも行われている朝の会ですが、ここでも、iPadは道具として活用されています。

◇2年生 「クラスの情報共有の時間」

　2年生では、生活科の授業で各クラス、オリジナル水槽を水族館につくり、自分たちが育てると決めた生きものを飼育しています。日直が日替わりで、えさやりや観察を担当し、観察の際には、えさを  食べる様子や気づいた変化をiPadのビデオ機能で撮影します。

それを翌日の朝の会の最後に教室のモニターに自分のiPadから映し出し、気づいたことや生きものの様子とともにクラスみんなに伝えます。「ランチュウがえさを食べていなかったので、今日の日直さんは注意してみてあげて

ください。」「水草が枯れてきているんだけど、どうしたらいいのかなぁ？」と、実際の映像を見ながら、クラスみんなで情報を共有することで、生活科の活動がより豊かなものになっています。

◇3年生　「こんな一日にしよう！」

3年生では、自ら工夫してiPadを活用する児童が出てきているため、より発展した活用が見られます。

今日1日をどのように過ごすのかといった目標設定を、タスク管理ツールアプリのTrello*を用いて行い、クラス全員の目標の可視化につなげています。

例えば左記のように、教員がその日「整理整頓をこころがけよう」というテーマを設定したら、それをもとに子ども一人ひとりが「こんなことをがんばります！」という目標を決める、すなわちみんなに対して宣言します。

「休み時間にロッカーの片付けをする」「机の中を教科別に分けて整理する」と

いった個々の目標が、クラス全員の iPad の画面上で常に見られる
状態になっているので、強力な意識づけになります。

　さらに教員も、子ども一人ひとりの目標をすぐに把握することが
できるので、具体的な評価ができます。

◎高学年　「時短 !?」

　高学年では、朝の会での連絡事項はほとんどありません。それは、
Google Classroom（p.73 参照）に連絡済みであり、子どもたちは各自
確認して登校しているからです。その分、各クラスで大切にしてい
ることに時間がさけます。朝のあいさつや健康観察に時間を充てる
ことで子どもたちの気持ちを落ち着かせ、授業の切り替えをするこ
とができます。

（塚田智子　２年担任・生活科）
（関口茂樹　３年副担任・算数科）

Trello：トヨタのカンバン方式を手本に作られたというタスク管理ツール。特徴として、カードを動
かしながら、同時に情報を書き込むことができ、写真、文字での説明ができる。カードの追加機能
はとてもシンプルで使いやすく、基本的な操作で調べた内容や写真をすぐに表示することができる。

2 ::: 授業

　朝の会が終わると、授業が始まります。授業でも、一人１台の iPad
は道具としてさまざまな学習活動に使われています。それぞれの教科で
どのような授業が行われているのでしょうか。

1 国語

　国語の授業では、デジタル漢字ドリルを使っての漢字練習や、自分が
感じたこと、考えたことの共有などに使っています。

◇漢字の学習

　以前は、授業内で漢字辞典と漢字ワークの一部を併用しながら、新出漢字を確認し、子どもたちは宿題として、漢字ワークの残りと、漢字練習帳への書き取り練習に取り組んでいました。それが、iPadの導入により、ひまわりポケット＊の「デジタル漢字ドリル」という漢字学習アプリを使うようになりました。

「デジタル漢字ドリル」では、漢字の読み方や使い方の確認はもちろんのこと、書き順やその漢字の成り立ちなどを動画で見ることができます。授業では、教員のiPadを教室のテレビにつなぎ、アプリの動画を見ながら全員で書き順を確認しています。また、なぞり書きや、漢字の読み書きがテストできる機能もあり、漢字の定着に効果的です。

　このアプリを使うようになってからは、子どもたちは家庭学習でアプリの様々な機能を活用しながら、漢字のワークと併用して漢字の習得に努めています。視覚的にも印象に残りやすいので、ただやみくもに漢字練習帳に書いて覚えるのではない学習方法を取り入れることができました。

◇取り組みの共有

　国語の授業では、自分が感じたこと・考えたことなどを書く場面が多くあります。しかしその内容を把握できるのは、書いた本人と、机間指導をしたりノートを集めて確認したりする教員ぐらいで、自分以外のクラス全員の子の考えに触れることはなかなか難しいのが現状です。

　その点、iPadの導入により、みんなの意見や取り組みを共有することが比較的簡単にできるようになりました。使うのは、カメラ機能とGoogleドライブです。ノートに書いたものを子どもたち各々

がカメラで撮り、その写真を Google ドライブの中の決まったフォルダにアップすることで、自分以外の子の考えを、写真を通して知ることができるようになったのです。

　また、6年生では、語句の問題や読解問題を自分たちで作成し、その問題を Google ドライブで共有することで、お互いに解き合うという実践も行っています。

◎活用方法の進化 ～低学年から高学年へ～

　国語の授業において iPad は、使い方に慣れるまでの低学年の間は記録・調べ学習のため、そしてより高次的な使い方ができるようになった高学年では共有や発表のために使っています。

　記録といっても、ただ写真に残すだけではありません。コロナ禍で休校期間中にリモート授業を行っていた際、2年生では、一人ひとりの音読の様子を各家庭で動画撮影し、Google Classroom のアプリを通して送ってもらうという取り組みを行いました。

　普段の授業では、一人の子が長文を音読する機会がないためわかりづらかったのですが、その動画から、一人ひとりに、途中で読み方を変えたり抑揚をつけたりするなどの音読の工夫がよく見られたのです。そのことに気がつけたことは、iPad 利用のメリットといえます。

　また、今まで調べ学習といえば図書室の本を使う方法がメインでしたが、iPad により、教室にいながら手軽にインターネット検索をすることができるようになりました。本だと数に限りがあるため、一度に多くの子が閲覧することは難しいですが、インターネットであれば各々が調べたいことを同時に調べられます。

　このような検索機能を上手に使いこなすことで、高学年では、自分の意見文に説得力を持たせるためにデータを引用したり、発表時の資料で提示したりすることができるようになりました。

（山口遥加　1年担任・国語科）

《国語で使用したアプリ》デジタル漢字ドリル、Google Classroom
ひまわりポケット：光文書院の漢字学習アプリ。教科書会社やワークなど、使用している教材を設定することで、その教材と同じ順番で漢字を学習することができる。

2 算数

　算数の授業では、授業へのウォーミングアップでの脳トレで活用したり、授業で使うコンテンツを準備したり、AI 技術を搭載したアプリによる自己学習を進めています。

◇九九嫌いをなくす

　毎年、九九を覚えるのに苦労する児童がいます。また、九九カード、計算ドリル、プリントなどを使っての学習では、途中で嫌になってしまい、ついには「九九嫌い」になってしまう子もいます。何とかして九九を楽しく覚えることができないかと、悩んでいる時に見つけたのが「あそんでまなべる 九九」という無料アプリです。このアプリを使って学習するようになってからは、タイムやスコアを競いあっているうちに、九九をスラスラと言える子が増えてきました。

◇図形の問題は、板書が大変！

　図形の問題では、解法が複数あるものがあります。同じ図形を黒板にたくさん描くのは、大変です。そんな時には、iPad 同士で写真や動画を含めたデータの共有ができる AirDrop 機能や画面ミラーリング機能を活用します。図形の問題を AirDrop 機能で児童に配布し、iPad 上で補助線や数字を書き込んでもらいます。児童が書き込んだ物や教員が実際に書き込む様子を教室のテレビに「画面ミラーリン

19

グ」することによって、複数
解法がある問題もスムーズに
学習することができます。同
じ図形をたくさん書かなくて
もすむので、助かります。

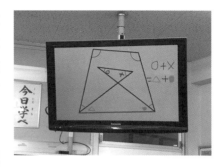

◈教科書やプリントを忘
れても

　以前は、児童が授業で使うプリントや教材の本を忘れると、授業
を受けるのに支障がないよう、コピーした物を渡していました。し
かし、iPad 導入後は、写真機能を使うことで紙媒体の忘れ物に関し
てはリカバリーが簡単にできるようになりました。

　忘れ物に対する気持ちが軽くなってしまう心配もありましたが、
iPad のバッテリー残量を気にし、なるべく本来の使い方以外に使わ
ないようにする子どもたちの姿を見て、心配が安心に変わりました。

（伊藤 渉　3 年学年主任・担任・算数科）

《算数で使用したアプリ》

• 宿題、長期休暇中の宿題で活用しているアプリ
Qubena…子どもたちが問題を解き、間違ってしまった問題の類似問題を AI 技術を活用したシス
テムにより出題してくれるので、弱点補強に役立っている。

• 計算力アップを目的に授業で活用しているアプリ
「あそんでまなべる たし算パズル」、「あそんでまなべる 九九」…タイムやスコアを競うなどゲー
ム感覚で計算問題に取り組むことができるアプリ。

• 思考力アップを目的に授業で活用しているアプリ
Pluszle、コインクロス − お金のロジックパズル…どちらも縦横の数字や合計金額をヒントに全て
のマスを埋めていくパズル。
Math24…与えられた 4 つの数字から、四則計算を駆使して「24」を作るパズル。

3 社会

　一人1台iPadで、教師よりもはるかに知識をもった巨大な図書館を児童が持ち運ぶこととなり、社会の授業では、知識の伝達の授業から子どもたちが主体的に学ぶ授業へと大きく変化しました。

　社会の授業は従来の知識伝達型ではなく、課題追究型へと変化しました。また、レベルアップ型ルールにより、授業と関係ないサイトへのアクセスは大きく減り、その代わりに自らよりよい工夫をした活用を見出そうとする姿がみられるようになりました。

◇共同作業による導入の工夫

（4年生実践〈日本の工業 自動車工業〉）

　ただ調べ学習をして知識を習得するのではなく、課題を設定することで、課題に対して協働で学び合っていくような学習形態へと促します。

　そこでTrelloを使い、子どもたちがインターネット上で調べた自動車に関する写真、資料を国ごとにまとめました。

　カードには、各自が調べたそれぞれの国の自動車の情報を記入していきます。ただ調べたことを記入するだけでなく、友だちが記入したこと、別のグループが調べていることなども俯瞰してみることが

できるため、比較しながら調べたことを理解することができます。

　さらに、友だちが調べた車や自動車会社について、詳しく一緒に調べたり、コメントを送ったりしながら、日本と外国の自動車の違いについて、自ら進んで学習することができました。

　授業時間以外の休み時間や家庭学習においても、すぐに調べたことを書きこめるので、教師が指示を出さなくても、カードに収集した情報を書き込み、より知識を増やしていきました。

〈日本と外国の自動車を比較した時の図〉

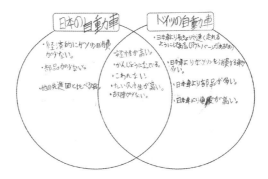

◇共同作業によるまとめ学習

（3年生実践＜安全なまちを 目指して＞）

「みんなの安全のために事件や事故を防ぐためにしていることをまとめよう」という課題で単元のまとめを行いました。

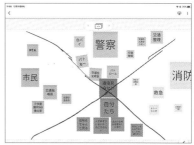

　iPad の活用には、思考過程での文字を消したり書き直したりする試行錯誤がしやすいこと、そして、作図やレイアウトが苦手な人も見やすくまとめることができるという利点があります。さらに、共同編集ができることから、グループで自然と分担をしたり、友だちの意見から自分の考えを修正したりする姿が見られました。Google Jamboard（クラウド上でホワイトボードとして使えるアプリ）では色を変えて付箋で分類するなど子どもたちが自らまとめ方を工夫して作成することができていました。　（伊藤彩華　４年担任・社会科）

《社会で使用したアプリ》

共同作業：Google ドキュメント、Google Jamboard　個人作業：Pages、Xmind

4 理科

　理科の授業では、理科の授業に欠かせない実験や観察の活動を高めるツールとして活用しています。

◇ iPad 導入前の様子

　本校では、理科室が２つあります。第一理科室は主に３・４年生が使用し、第二理科室は主に５・６年生が使用します。時間割を組むときには、第一理科室で１クラス、第二理科室で１クラスずつが授業できるようにしています。そのため、授業で実験を行いやすい環境にあります。授業で実験を行うとき、事前に実験の手順を説明しますが、児童の身長や視力の関係で見えづらいこともありました。また、安全に配慮して実験を行うことを優先して黒板に書いていた実験の手順や結果をノートに書く作業が遅い児童は、ノートは空白のままのことが多かったです。「実験が楽しい」という気持ちが先に来てしまい、学習の内容を児童が理解していたのか不安でした。

本校では、検定教科書だけでなく、中学受験を視野に入れ、「さとえサイエンス」という教材を使用しています。教科書の実験は実施できたのですが、「さとえサイエンス」に掲載されている実験は危険を伴うことが多く、実施できませんでした。「さとえサイエンス」を読んだり、その実験に見合う資料を用意したりして、児童の想像力に任せるしかありませんでした。 iPad が導入され、最初は戸惑いました。授業での活用の仕方について悩みましたが、「iPad はかしこくなるための道具」を念頭に置き、様々なアプリについて調べ、授業での実践を積み重ねました。

◇ 実験での記録の道具として

　予備実験をしながら、実験の手順を iPad の写真で撮影。授業では、テレビについている Apple TV でミラーリングし、具体的に説明することができます。 また、実験の記録を児童が iPad のカメラで撮影することで、あとから見返すことができるようになりました。黒板に書いた内容を iPad の写真におさめ、ノートが間に合わない児童は家庭でノートを書くことができます。

◇ 観察の道具として

　３年生の「たねをまこう」という単元では、ホウセンカを育てています。ホウセンカの成長の記録を写真におさめ、一つのアルバムにまとめて保存することで、比較しやすくなりました。

◆ 学習を深める道具として

先述した「さとえサイエンス」に掲載されている実験を NHK for school の動画で実際に見ることができるようになりました。危険を伴う実験を学習するには最適です。また、本校では学習動画配信サービスのスタディサプリ（学校向けサービス）が導入されていて、自分が苦手な分野や単元を探し、動画を視聴し、問題に取り組んでいます。そのほかにも、学習した内容を iPad のプレゼンテーション用アプリ Keynote やページレイアウトができる Pages でまとめたり、問題を作ったり、それぞれが考えながら取り組むことができています。

（萱田裕子　3 年担任・理科）

《理科で使用したアプリ》
Apple TV、スタディサプリ、Keynote、Pages

5 生活科

低学年の生活科の授業でも、思考を広げるために iPad を活用しています。

「夢中になる」──周りの声が気にならないほどの熱中を、普段の生活で感じることはなかなかありません。自分が知らなかったこと、興味がなかったものに思わず集中して取り組む、その「しかけ」「きっかけ」づくりが、生活科において重要なことです。

◆ 手軽な共有

夢中になるため、一人ひとりの取り組みを共有すること──低学年のうちは、誰かに見てもらうことがモチベーションにつながりま

す。授業では、Google ドライブを活用し、互いの取り組みを手軽に見せ合っています。

　例えば1年生の「秋をさがそう」の授業では、外に出かけて秋のもの（落ち葉、どんぐり、木の枝、果実など）をさがし、自分が選んだもので「アート」します。葉の上に木の実を置いて顔を作ったり、色鮮やかな葉を花のように並べたり。そして、作品を写真に撮り、Google ドライブにアップ。クラス全体の作品を気軽に見る、プチ品評会も行えます。さらに、友だちの工夫した点に気づき、自分の作品をよりよくしようと心がけます。

　共有には、ルールの理解も肝要です。こちら側で編集機能を止める、名前の変更で見分けるなど、他人のデータの扱いについても留意が必要です。

◇学びの足あと

　授業で共有したことは、記録として残っています。低学年の子どもたちにとって家の人に学校での様子を伝えるのは至難の技です。ただ「楽しかった」という感想レベルだったものが、記録を家の人に見せながら話すことで、授業の様子を伝えることになります。iPad は、学校と家庭をつなぐコミュニケーションツールへと変化します。

　時間が経ってから手軽にふり返ることもできますし、下の学年に記録を残すこともできます。例えば、2年生「生き物をそだてよう」でのクサガメの育て方をまとめる学習です。代々1年生に受け継がれていくクサガメの育て方を、わかりやすく伝えます。発表の際にはリハーサルとして自分たちで動画を撮影し、確認しました。「もっと声をゆっくり話した方がいいな」「紙の持ち方はこれでいいかな」などと、自発的によりよくする姿勢が見られました。自分たちを客観的にみたことで、ポイントがわかりやすくなり、集中して取り組

めました。

◇調べ学習ツール

　記録をする、的確なまとめをするためには、深く調べ学習をすることが欠かせません。手軽にインターネットへアクセスできることで、非常に効率よく調べられるようになりました。

　今後ますます検索の力は必要になっていきます。加えて、サイトの信ぴょう性など、情報モラルにも気を付けなければなりません。辞書などのアナログなツールも併用して活用しつつ、どのように調べるかを考えながら上手な検索力を身に付けて、参考元が重なりすぎないことなどへの配慮も必要でしょう。

◇思考を深める手助け

　調べたこと、集めた情報は、様々な思考ツールを活用して整理・分析してまとめ学習に入っていきます。1年生でワークシートへの書き込みをスタートし、2年生ではKeynote等を活用します。

① 自分の考えをアウトプットする……考えをメモする際、iPadであればメモしたことがそのまま次のステップに流用可能です。
② まとめる……メモを元に、自分なりに工夫してまとめます。自分の思考がクリアになるように、調べたこと、考えたことをわかりやすくまとめる手助けになります。
③ 相手に伝わるように話す……キーワードや画像を用いて説明することで、プレゼンテーションのように相手を意識した効果的な発表ができます。

　こうした相手を想定したまとめ学習は、高学年のどの教科の学習へもつなげられます。

例えば、２年生「しぜんさがし」の授業。水族館の生き物や外の植物など、自然を調べる学習です。通常であれば教員が調べるものの画像を全体に提示します。しかし、iPadで個人に別々の画像を見せることも可能です。そうすると個人で考えることから思考がスタートし、違う調べ方をした者同士がお互いに情報を交換し合う学習もできます。

　また、調べる対象を変えることで、思考の幅も広がります。ひとつは、名前から特徴を探すこと。もうひとつは、特徴（写真や実物を見て）からその名前を探すこと。

　前者は、正解を知ることが目的ではありません。「だれかに説明するとしたら」、そんな問いから、自然と思考が広がります。後者は、クイズ感覚で取り組めます。「これって何だろう？」と自然と気になったとき、夢中になるのです。

　iPadを活用することでそうした思考は広がり、さらにレベルアップ型にすると、思考の幅に広がりが生まれます。学年に応じて個々の学習状況に応じて制限が解除されるシステムは、幅を生み出すうえでとても重要といえるでしょう。

　知らないものを知ろうとすること。それが生活科の魅力であり、夢中になることにつながると思います。**（坂本遼介　１年担任・生活科）**

《**生活科で使用したアプリ**》Googleドライブ、Keynote

6 英語

　英語の授業では、読む・聞く・書く・話すの活動にiPadを取り入れて、個別最適化された学びを実現しています。

　英語授業では、低学年から「読むこと」「聞くこと」「書くこと」「話

すこと」の活動を取り入れて授業を展開しています。一人ひとりの目の前に自分へ向けた教材がある、まさに個別最適化の学習の実現です。子どもたちが自らのレベルに合った課題に取り組むことにより、主体的な活動になっていきました。

多様なアプリを活用することで、後述するような授業のバリエーションが増えた一方で、多様な授業をつくりながらも授業準備が効率的になり、教員の時短につながりました。

デジタルであるからこそできるリアルタイムでの学びも加わり、授業に躍動感があふれています。間違えてもその都度、画面に間違えたことが表示されるので、目の前で確認し、次へと生かすことができるのです。

◇語彙学習

単語の学習では、口頭練習と主体的に活動することを組み合わせ、自然に身につけることを目標としています。従来は教員自作の紙カードを用いて「かるた」や「神経衰弱」のルールを応用した活動を行っていましたが、iPad 導入後は、Quizlet や Quizziz、Gimkit、Kahoot! などのアプリを使用して学習を展開しています。これらのアプリを使うメリットは、「何度も繰り返し行うことができる」「個人戦やチーム戦などやり方が柔軟に工夫できる」ほか、学校の教室で行う、自宅で個人のペースで行うなど「場面に応じてやり方を選択できる」などが挙げられます。

チーム対抗で行う活動は特に人気があり、毎回ランダムに組み分けされることでスリルが増し、同じチームメンバー同士が声を掛け合い、助け合って学習している姿が以前よりも多くみられるようになりました。

これまでは、着席している班の中でしか競い合うことができず、個人での活動になりがちでしたが、iPad は一人ひとりの画面の前に

教材があり、操作をしなければいけないので、授業に対して「見ているだけ」の子が少なくなり、クラス全体を巻き込んだ活動へと広げることができました。

また最近では、Droplets という子どもたちが音声を聞きながら単語の学習ができるアプリも家庭学習を中心に活用しています。自宅でもカテゴリー分けされたものの中から、各自で興味のあるジャンルを選び、音声を聞きながら取り組むことができています。

◎スピーキング練習

iPad 一人1台導入後は、スピーキング練習の時間が大幅に増加しました。例えば、フィリピンの英語講師とオンラインでつなぎ、1回25分の英会話授業を導入し、学年一斉に1対1のオンライン授業が実施できるようになりました(学研オンライン英会話プログラム)。

25分間英語を話し続けることは体力を要しますが、画面越しの先生と身振り手振りを交えながら言いたいことを伝えるよい機会になっています。また、うまく聞き取れない時は "One more time, please" と声をかけ、コミュニケーションワードを実際の場面の中で使うことができています。

さらに iPad 導入後は、Show and Tell のような活動も学校のみならず自宅でもできるようになりました。自宅でお気に入りのものを見せながら撮影し Google Classroom（p.73 参照）を使って提出するという流れです。従来の自宅で取り組む課題といえば、ワークブックやプリントを用いた書く課題が中心でしたが、今では文章の音読をして動画に撮って提出する課題や、テーマにそって話す動画作成などの課題も出題しています。

かねてより行っているオーストラリアの現地小学生との交流も、以前は教室同士を繋ぎ、コミュニケーションソフトの Skype を使っ

て行っていましたが、今では従来の交流に加えて一人1台のiPad
とFlipgrid（教員が用意したボードに児童それぞれがビデオを投稿
することのできる無料アプリ）が両校の交流を支えています。

　以前は学校のパソコンを使って行っていたので一度に使える台数
が限られ、待ち時間が生まれていましたが、今では各自が持つiPad
で一斉に進めることができ、手軽に交流ができるようになりました。
また、交流をするにあたり、時差や両校のスケジュールも調整が必
要でしたが、いつでも投稿できるFlipgridを使うことで、これまで
抱えていた問題も解消することができました。

◇ リーディング・ライティング

　以前は、CD付きの本を使用し音声を聞きながら読むことに親し
むことを目的に行っていましたが、Epic（英語の絵本やビデオにア
クセスできるアプリ）を用いることで巨大なバリエーションの中か
らオーディオ付きの本を読むことができるようになりました。さら
には教員が事前に読んでほしい本を決めてコレクションを作ること
ができ、魅力のひとつとなっています。

　教員と児童がオンライン上で教材を通じた双方向のやりとりがで
きるNearpodも頻繁に活用しています。このアプリは、絵や文字
に加えて音声も入力できるため、教員が自作教材を手軽に作ること
ができます。そのため、本校では特に低学年の授業で活用していま
す。また、Nearpodは一人ひとりが画面に絵や文字を書くことがで
きるので、子どもたちが書いたことをその場で共有し、リアルタイ
ムで互いの答えから学び合うことを行い、それらもメリットの1つ
となっています。

（前川紀子　2年副担任・英語科）
（デビット・エル・マクレーン　1年副担任・ICTメンバー・英語科）

《英語で使用したアプリ》

Quizlet、Quizziz、Gimkit、Kahoot!
※これらのアプリは、休校期間中のリモート授業においても重要な役割を担っていました。
Droplets 、Google Classroom、Skype 、Flipgrid、Epic、Nearpod

7 水族館

さとえ学園小学校では、水族館を活用した授業も行っています。

「さとえ水族館」には大小合わせて30個の水槽があり、約250種類800匹ほどの生き物を展示しています。さとえ水族館は様々な教科で活用されていますが、iPad の活用となると、カメラ機能を使って生き物の記録をとることが多いです。

　先述の各教科同様、以前の調べ学習では、図鑑を主に使用し、友だちと一緒に読んだり、自宅から図鑑を持参したり、また、お家の方がインターネットで検索したものを印刷したりしていましたが、iPad が導入されてからは、自分でインターネットを使って調べることが多くなりました。

　iPad を開けばすぐに沢山の欲しい情報を手に入れることができます。しかし、インターネットから膨大な情報を収集することは低学年にとって容易ではなく、さらに収集した情報の中から、安全で必要な情報を選択することも容易ではありません。また、検索した結果が出ても、低学年では習っていない漢字が読めず、「これは何て書いてあるの？」「これは、どういう意味？」と授業中ずっと質

問ばかりになってしまいました。低学年向けの検索サイト「Yahoo! きっず」を使ってみても、同じ問題にぶつかってしまいました。

◇さとえ水族館図鑑

さとえ水族館では生き物の紹介として、写真・名前・英名・分類・大きさ、といった、必要最低限の情報しか提示していません。興味を持った時に自分で調べてもらうため、情報は必要最低限にしています。この生き物、面白い！かわいい！どこにいるんだろう？そんな風に興味を持った時は、水族館の先生に聞くのもよいのですが、やっぱり自分で調べてほしい。しかし、低学年では調べるのが難しい……。

低学年でもわかる図鑑があればいいのではないか。ないなら作ってみよう！ということで、まずはさとえ水族館にいる生き物について、４年生が図鑑を作ることになりました。

iPad の Keynote を使って作ります。水族館の生き物を一人１種類決め、図鑑作りのスタート。「低学年が見るんだから、漢字はあんまり使わない方がいいね！」「難しい言葉も使わない方がいいかな…」と、上級生らしく低学年のことを考えて作りました。

どんな図鑑になるのか楽しみです。　　　　　（住友幸子　水族館館長）

3 ﹕﹕ 休み時間

子どもたちにとっては、授業の時間だけでなく休み時間にもたくさんの学びの機会があります。友だちと一緒に思う存分時間をかけていろい

ろなことを試してみたり、みんなでわいわいと試行錯誤をしてみたり。そうした時間のなかにも、一人1台のiPadは大きな役割を果たしています。

◈「かしこくなるため」の活用方法として

- **テストの予習**
  学習アプリや写真に撮ったプリントなどを見て、テスト勉強をします。
- **授業の復習**
  検索アプリを使って授業の復習をしたり、わからなかったことを調べたりします。
- **板書を撮る**
  カメラ機能で板書を撮り、いつでも復習や確認ができるようにします。
- **行事練習**
  リレーや合唱などの動画を観て、確認をしたり作戦を立てたりします。

◈ iPad 活用の白黒をはっきりさせたアイテム

「レベルアップ型ルール」※ の設定により、子どもたちは上記のような「かしこくなるため」の活用方法を自分たちで考え、発展させていきました。

そこには、休み時間にiPadをさわっていても、それはよいことにしか活用していないということが明らかになるアイテム、「iPad 使用許可証」を作成したことも大きく影響して

います。

　休み時間など授業外の時間では、教員に使用用途を伝えて許可をとり、「iPad 使用許可証」を首にかけて iPad を使用します。このルールにより、教員側は誰が何の用途で使用しているか把握することができ、他の教員にも許可証の有無で許可を得て使用しているかがわかりやすくなっています。その分、教員がいないと許可をもらえないため、子どもたちが自由なタイミングで使用できないデメリットもあります。その対策として、「レベルアップ型ルール」によりゴールドの子は許可証なしで使用することができ、ブルーの子も限られた場所でのみ自由に使用することができます。

（伊藤元気　５年副担任・音楽科）

※レベルアップ型ルールについて、第２章で詳しく紹介します。

4 ⋮⋮ 帰りの会

　かつての学校では、帰りの会が始まる前までに、帰る準備と共に、黒板に書いてある明日の連絡をノートに書き写すことが日課でした。

　さとえ学園小学校でも以前は、教員が明日の連絡を黒板に書き、児童が書き写した後、教員がきちんと書けているかの確認する作業が行われていました。低学年の担任は、連絡帳のチェックをしたら、印の代わりにスタンプやシールを貼ってあげていました。「今日はなんのシール？」「きれいに書いたから好きなの選んでいい？」とコミュニケーションの場であったり、文字を丁寧に書く練習の場であったりしました。

　しかし、iPad の導入により、この光景は大きく変わりました。

◇連絡ツールが変わった

　以前の保護者との連絡ツールは連絡帳でした。低学年は、連絡帳の記入以外にも帰りの準備や着替えなどの一連の流れを覚えさせることから始めていました。特に1年生では、この流れを順序よくできるよう授業の時間も使って連絡帳の書き方を教えていました。しかし、授業の時間を削って行う作業になることや、全員がしっかりと記入出来ているのかを確認する作業のため、非常に時間がかかっていました。また、低学年は他学年に比べ帰りの準備や着替えに時間がかかるため、一人ひとりの児童の様子を観察しつつ、配布物等の確認も行い、それらに加えて連絡帳を書いていない児童を指導することはとても大変でした。

　中学年では、上記の作業は早くなりますが、連絡帳を書き終わった人から教員の確認印を押したり、机間巡視をしたりして全員が記入できているかを確認していました。高学年ともなると連絡帳を記入する児童は格段に減少するため、全員の連絡帳の確認は行わなくなっていましたが、保護者の方からは「連絡事項を書いてほしい。」との依頼は多くありました。

◇ Google Classroom の活用

　iPad 導入後は、全学年連絡帳の記入はなくなりました。

　その代わりに、各クラスの担任が Google Classroom に伝達事項を載せ、児童とその保護者に連絡するというまったく新しい手法へと変化しました。

　冒頭に書いたようなやりとりの時間が一切なくなり、少し寂しさは感じますが、短い言葉で書かなければいけなかった連絡帳とは違い、細部まで書くことや写真や資料を添付することもできるので、内容が伝わりやすくなりました。子どもの iPad とは違う端末から

も見られるため、保護者に確実に連絡事項を伝えることができます。そして、個人的に連絡をしたいときには個別に送ることもでき、子どもたちや保護者からも気軽にコメントを送れるため、質問や確認がしやすくなりました。

　よくなった点は多くありますが、やはり一番に挙げられることは「時間ができたこと」です。連絡事項を確認し、送信ボタンを押せばクラス全員に同じ情報が行き届くため、わざわざ連絡帳を確認する必要がなくなり、その時間をほかのことに使えるようになりました。

　あるクラスでは１分間スピーチの練習で使用し、あるクラスでは教室で飼っている魚やカメの飼育日記を AirPlay でテレビ画面に映し出しながら発表するなど、どの子もみな真剣に取り組んでいます。

　また、Google Classroom にはほかにもさまざまな活用方法があります。たとえば、欠席した児童にその日の授業の板書を送ったり、課題未提出者に対して個人あてにメッセージを送ったりなど、連絡帳ではできなかったことがたくさんできるようになりました。

　一方で、休日や夜遅くなど、時間を気にせずにコメントや課題提出をするようなことがみられるようにもなりました。今はいつでもどこでも SNS で気軽に連絡ができる時代です。連絡をする時間帯等、きちんと礼儀やマナーを指導したうえで、使用すべきだと感じています。

　ほかにも、課題はあります。それは、Google Classroom を確認しない児童がいることです。この問題はおそらく、児童が Google Classroom の確認を後回しにすることで発生していると考えられます。たしかに、毎日決まった時刻に情報を発信するわけではないため、児童自身が確認する時間にもばらつきがあるでしょう。

　しかし、これは Google Classroom を使用しているから起こる問

題なのでしょうか。私たちはそうは思いません。私の経験からすれば、連絡帳に記入をしても忘れ物をしたり、提出する書類の期限を過ぎたりすることは度々ありました。この経験から言えることは、「自分のことは自分で確認する」ことが重要であるということです。低学年のうちは Google Classroom を毎日確認するように促したり、提出課題等で各教科の先生からメッセージがないか確認するように伝えたりすることで、子どもたちにもその重要性が伝わると信じています。

（岡 宏美　６年担任・体育科）
（佐瀬麻衣子　１年副担任・体育科）
（中山愛理　１年副担任・図書）

第2章

さとえ式
レベルアップ型ルール

できる ことを 増やす ために

第1章で紹介してきたように一人1台の iPad を日々活用している、さとえ学園小学校の児童たちですが、すぐにこうして使えるようになったわけではありません。また、みんなが最初からよい使い方をしていたわけでもありません。

さとえ学園小学校での一人1台の iPad 活用を進めてきた同校の山中昭岳先生に、「よくない iPad の使い方をする子もいるのではないですか?」と質問をすると、「いますよ、たくさん。何もしなければ iPad は最高の遊び道具ですからね。私はホワイトハッカーを育てたい。そのためには多少の悪さも必要。でも悪さは悪いこととして指導します。悪さをする子たちは好奇心旺盛で、悪さではなく、人の役に立つことを見つけるようにお願いするとおもしろい活用も見つけてくれます。iPad は自己コントロール力を身につけるために役に立ちます。だからこそ一人1台、一人ひとりが誘惑にたまに負けたりしながらも、自分をコントロールすることを小さい頃から学んでもらうために必要なんです」と答えてくれました。

さとえ学園小学校では、「iPad はどんな使い方をしてもいいです」と手放しで使わせているわけではありません。きちんとした使い方ができるように、「レベルアップ型ルール」というシステムをつくっています。「ルール」と言えば、「○○をしてはいけない」という禁止型のルールを思い浮かべるかもしれませんが、一人1台の iPad を学校の中で自分の表現や思考のツールとして使いこなすために重要なのは、できることを増やすためにどんなスキルやモラルを持っていればいいのか、ということを定めることだと思います。一人ひとりが、どれくらいデジタルを正しく使うことができるのかを証明することが必要です。さとえ学園小学校であれば、iPad やインターネットを正しく使うことができることを証明し、その力を証明した子たちには、より大きな自由が与えられ、

できることが増えていきます。そうしたレベルアップ型ルールを、さとえ学園小学校ではつくってきています。

1 レベルごとに できることが決められている

さとえ学園小学校の子どもたちのiPadを見てみると、壁紙のデザインが統一されていていますが、一人ひとり違う色でカラーリングされていることに気づきます。学年ごとにカラーが違うのではなく、一人ひとり違うのです。壁紙のカラーは、さとえ学園小学校オリジナルのレベルアップ型ルールでのレベルを示しています。

1 グリーン→ブルー→ゴールドの3つのレベル

さとえ学園小学校のレベルアップ制度は、基本的には、グリーン→ブルー→ゴールドの3つのレベルになっています。最初はみんなグリーンからスタートして、レベルアップするごとにiPadで使える機能や、学校の中でできることが増えていくように制度が設計されています。以下、グリーン、ブルー、ゴールドの3つのレベルでどんなことができるのかを表で紹介します。

■グリーン、ブルー、ゴールドのそれぞれでできること

iPad でできること	カメラ機能	
	AirPlay	
	スクリーンショット	
	パスコード 6 桁	
	Safari	
	AirDrop	
	Apple Books	
	パスコード 4 桁	
	AirPrint	
	ロック画面に表示	
	FaceTime	
	iMessage	
	Siri	
	Touch ID 指紋認証	
学校の中でできること	iPad の保管場所	
	休み時間の iPad の活用	
	プログラミングキットの利用	

詳細	グリーン	ブルー	ゴールド
撮った写真に書き込むことができる	○	○	○
大画面提示装置に自分の iPad の画面を映し出すことができる	○	○	○
画面をキャプチャすることができる	○	○	○
6桁のパスコードでロック解除できる	○	○	○
インターネットで調べることができる	○	○	○
個々の間でデータのやりとりができる		○	○
ブックで本類を読むことができる		○	○
4桁のパスコードでロック解除できる		○	○
iPad から印刷することができる		○	○
ロック画面をカスタマイズすることができる		○	○
ビデオ通話をすることができる			○
メッセージのやりとりができる			○
音声でのアシスタント機能を使用できる			○
パスコードを使用せず、指紋認証で画面ロックを解除できる			○
iPad はランドセルに保管する	○	○	○
iPad を机の中に入れて保管することができる		○	○
iPad の保管する場所を、持ち歩きも含め自分で決めることができる			○
休み時間にラーニング・コモンズに自由に入って、iPad も自由に活用できる		○	○
休み時間に iPad を自由に活用できる			○
ラーニング・コモンズのプログラミングキットを使うことができる			○

※いずれのレベルにおいても、フィルタリングはかかっているので、不適切なサイトは利用できないようになっている。

※スクリーンタイムは、アプリなどを使った時間を自分で確認できる。また、保護者も同様に確認できるようになっている。

2 学び方の自由の幅が広がっていく

　子どもたちのスタートのレベルとなるグリーンでも、カメラ撮影やスクリーンショットなどは行うことができます。一人 1 台の iPad を表現の道具として使うためには、こうした機能は日常的に使うものとなっていることが伺えます。また、AirPlay も利用できるので、授業のなかで大型モニターに自分の iPad の画面を表示させるなどの活動は、全員ができるということになります。

　また、このレベルでもパスコードは一人ずつ違うものを使っています。パスコードは、グリーンでは 6 桁での設定が必要ですが、ブルーで 4 桁で設定できるようになり、ゴールドになると Touch ID を使えるようになります。パスコードを覚える習慣をつけるために、グリーンではあえて面倒なことをさせるようにしています。

　レベルが上がってブルーになると、新たに AirDrop を使ってデータのやり取りをすることができます。一人 1 台 iPad を持ち、撮影した写真を先生に送ったり、クラスメートに送ったり、ということができるようになります。また、iPad の機能ではありませんが、学校のラーニング・コモンズで休み時間に iPad を自由に使えるようになります。

　さらにレベルが上がって、ゴールドになると、Siri を使えるようになります。FaceTime や iMessage も使えるようになり、コミュニケーションの幅が広がるようになっています。ラーニング・コモンズにあるプログラミングキットを使えるようになったり、iPad を休み時間に自分で自由に使えるようにもなります。

　レベルが上がるにしたがって、「あなたならばここまで使ってもいいですよ」と学校から信頼をされ、学校での学び方の自由の幅が広がっていくようになっています。ただ、その自由を得るためには、スキルとモラルをきちんともっています、ということを証明しなければなりません。

その証明の機会と「ものさし」となっている制度が、「さとえ式レベルアップ型ルール」です。

③ 学年別のレベル割合

　それぞれのレベルでどれくらいの人数がいるのかということをまとめてみます。グリーンが3〜6年生全体で33%、ブルーが62%、ゴールドが5%となっています。人数では、2021年12月現在で、グリーンが109人、ブルーが205人、ゴールドは3〜6年生全体でも18人しかいないそうです。

　学年が上がれば自動的にグリーンからブルーにレベルアップするわけではありません。学年別にそれぞれのレベルの人数を見てみると、3年生はおよそ7割がグリーンですが、4年生になると7割がブルーとなります。また、ゴールドは5年生・6年生になると多くなっていく様子が見られます。

〈レベルの人数割合〉

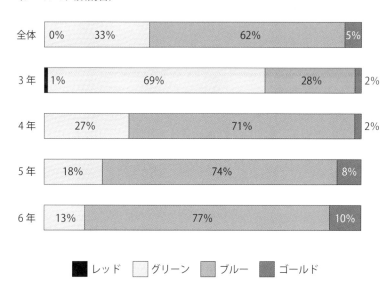

全体　0%　33%　62%　5%

3年　1%　69%　28%　2%

4年　27%　71%　2%

5年　18%　74%　8%

6年　13%　77%　10%

■ レッド　□ グリーン　■ ブルー　■ ゴールド

2019 年 10 月末から、グリーンの下に、新ルールとしてイエローとレッドがつくられたそうです。イエローの児童は、Google Classroom と宿題で活用するアプリ以外はいつでも使えますが、それ以外のアプリについては時間制限をかけられます。レッドは、Google Classroom と宿題で活用するアプリのみが使用可能になります。その他の利用はまったくできないということになります。

　一度、グリーンからイエローとレッドにレベルダウンしてしまった子たちが、再度グリーンへレベルアップするのにはどうすればいいかについては、2021 年 5 月現在、児童会と検討中だそうです。先生方だけでなく子どもたちも一緒になってレベルアップ制度が運用されている様子がわかります。

2 レベルアップに必要な「スキル」と「モラル」

　グリーンからブルーへ、ブルーからゴールドへのレベルアップには、スキルとモラルが求められます。それぞれの段階でのレベルアップにおいて必要とされるスキルとモラルを以下にまとめます。

1 グリーン→ブルーへのレベルアップ

◉スキル

□ 学校で発行される自分のメールアドレスとパスワードを覚える

□ iPad のパスコードを絶対に忘れない

□ カメラ機能（撮る、削除）

□ 写真アプリ（描く）

□ 文字入力（入力切り替え・ローマ字：1 分間に 5 文字程度）

□ キーワードから目的の Web ページを検索できる

調べたいことにたどりつき、その情報を正しく扱うことができる

1. Safari を起動する

2. Safari に調べたいことを入力する

3. 複数のキーワードで検索する

    （キーワード間にスペースを入れて検索できるか）

4. より新しい情報を得るために更新日付を確認する

5. 情報源の確認

6. ページ上の写真や絵、文章等を勝手に他に転用しない

    転用する場合は許諾または情報元を明示する

☐ インターネットのルールやマナーを理解し、閲覧できる

☐ 学習で活用するアプリを使いこなす

☐ パスワード・パスコード

◉モラル

☐ 授業でのふるまい

☐ 家でのふるまい（保護者チェック）

☐ ランドセル管理

☐ 登下校中は使用しない

☐ 休み時間に使用しない

※ただし、先生に許可をもらい「IPad 使用許可証」を首からかけていれば OK

2 ブルー→ゴールドへのレベルアップ

◉スキル

☐ ローマ字入力（ローマ字：1 分間に 20 文字程度）

☐ タッチタイピング

☐ 朝のスピーチでの活用

☐ インターネットのルールやマナーを理解し、閲覧できる

☐ Evernote

- [ ] iWork
- [ ] Everyone Can Create（スケッチ）
- [ ] Everyone Can Create（写真）
- [ ] 調べ学習で複数のサイトを比較して、情報の信憑性を、以下の情報を利用して確かめることができる
    - ◇ 企業 or 個人
    - ◇ 更新日時
    - ◇ URL のアドレスの確認（例：go.jp は政府などドメインで発信元の確認ができる）
    - ◇ ブログサイトの確認（自分のドメインをもっているか）
    - ◇ サイトに書かれてある人物の経歴
    - ◇ サイトに書かれてある住所の確認
    - ◇ 専門家のサイト
    - ◇ 論文掲載サイト

◉ モラル
- [ ] 授業でのふるまい
- [ ] 家でのふるまい（保護者チェック）
- [ ] 置きっぱなしにしない管理
- [ ] 登下校中は使用しない
- [ ] 学習に関係のある場合のみ休み時間使用可

　グリーンからブルー、ブルーからゴールドへとレベルアップをしていくと、子どもたちはいろいろなことができるようになっています。ゴールドの上には「マスター」レベルも用意されていて、マスターになると iPad の壁紙を自由に設定できるようになり、ブログでの発信をしたり、「Everyone Can Create」などのオンラインコースにアクセスして自学したり、ということができるようになると想定しているそうです。

　2021 年 5 月現在、マスターレベルは 0 人とのことですが、今後、こ

のような形で「iPad をかしこくなるための道具として」使うことができる子どもは増えていくだろうと思います。

3 ::: レベルアップの判断

1 ツール

それぞれのレベルに必要なスキルとモラルを子どもたちがもっているかを評価するレベルアップ制度において、「レベルアップできるかどうか」の判断は、以下の3つによって行われます。

◉スキルチェックテスト

「スキル」と「モラル」のところに挙げられている項目についてできているかをチェックします。レベルアップテストが行われる日程は予め決まっていて、公開されています。

テストは総合的な学習の時間や昼休みといった長い休み時間などに行われ、翌週に結果が発表されます。

◉チェックシート

レベルアップテストの対象期間に受け取り、児童が自分で記入するためのシートが用意されています。チェックの対象となる期間は、レベルによって異なります（グリーン→ブルーは約2週間、ブルー→ゴールドは約1ヶ月、ゴールド→マスターは約3ヶ月）。

グリーンの児童は印刷されたワークシート、ブルー以上の児童はEvernote のチェックシートに記入します。提出遅れは不合格となります。

◉教員チェック用シート

　各児童の日々の iPad 活用についてチェックを行います。

（詳細は p.62 ～参照）

2 レベルアップの多面的評価

　レベルアップの条件は、段階によって異なります。それぞれのレベルにおいて求められているスキルとモラルのすべてにチェックが入ることはもちろんですが、多面的に評価することができるように、以下の4つの評価を行うように設計されています。

◉自己評価

　さとえ学園小学校では、iPad を「かしこくなるための道具」として使うことを目指しています。自分で「かしこくなるため」に使えているかを評価できるようになることが必要です。また、ときに悪い活用をしてしまったときにも、自己申告したり改善点を考えたり、ということも自分でできるようになってほしいと先生方は考えています。

◉相互評価

　iPad を「かしこくなるための道具」として使いこなすための方法は、唯一の正解があるわけではなく、さまざまな学びの場面でさまざまな使い方があると思います。だからこそ、クラスメイト、上級生や下級生がどんなふうに使っているのか、いいところをどんどん探していけるように、相互評価の視点を取り入れています。

◉教師評価

　もちろん、すべてを子どもたちに委ねるのではなく、それぞれのレベルにおいて、スキルとモラルの両方の面で、どんなふうに使ってい

るのかを先生方が観察をし、評価をするようにしています。教師評価ですべてが決まるのではなく、教師評価と自己評価や相互評価をあわせて総合的に評価できるようにしています。

◉保護者評価

　iPad を家庭に持ち帰るようになれば、学校外でもどのように使っているかを見る必要があります。保護者も、子どもたちが iPad をどのように使っているかを見て、評価の一端を担うようになっています。

　それぞれの段階でのレベルアップにおいて求められる条件を以下にまとめます。実際に、どんなことが評価されているのかを見てみましょう。「自己評価」「相互評価」「教師評価」「保護者評価」の４つを総合して評価がされますが、さとえ式レベルアップ型ルールは継続的に運用されるものなので、シンプルに使えるようになっています。

3 グリーン→ブルーへのレベルアップ

- スキル＆モラルのすべてにチェックが入ること
- 自己評価：「わるい活用」
  悪いことをしてしまったときは、「やってしまったこと」として自己申告し、改善のための方策を自ら考えて提出する。３日間守れていればクリアされる。
- 相互評価：「よい活用【友だちから】」を３例
  友だちから、「よい活用」を書いてもらう。逆に、友だちの「よい活用」を見つけ、友だちのチェックシートに書いてあげる。それによって、相互評価を行う。
- 教師評価：観察
  疑わしいふるまいはダメ。ただし、３人以上の証明者がいればクリア

・**保護者評価**：保護者サイン

4 ブルー→ゴールドへのレベルアップ

・スキル＆モラルのすべてにチェックが入ること
・**自己評価**：よい活用 Book
・**自己評価**：「わるい活用」
　自己申告し、そうならないための自己コントロール方法を提示し、改善がみられる場合クリア。自己申告なしで見つかった場合、即グリーンへレベルダウンとなる。
・**相互評価**：「よい活用【友だちから】」を 3 例
　友だちから、「よい活用」を書いてもらう。逆に、友だちの「よい活用」を見つけ、友だちのチェックシートに書いてあげる。それによって、相互評価を行う。
・**教師評価**：観察
　疑わしいふるまいはダメだが、3 人以上（男女）の証明者がいればクリアされる。

　自己評価が入るところから、先生が「君はできているから、使っていいよ」と決めるだけではなく、自律的に iPad を「かしこくなるための道具」として使えるように、信頼して児童にもたせているというコンセプトが見えます。
　また、相互評価においては、クラスメート相互で、さとえ学園小学校がめざす「かしこい使い方」をできるように評価しているということがわかります。「友だちのわるいところを指摘する」ということよりも、「よいところを見つける」ことを重視しているそうです。友だちのよいところを見つけたときには、評価した子もポイントアップするなど、目指すべき形になるようにさまざまな工夫を積み重ねていることがわかりま

す。

　教師評価については、スキルチェックテストのときに目の前にいる先生だけでなく、担任の先生、教科担当の先生からの評価も入るようにされているそうです。Google スプレッドシートで児童の評価をすべての先生方が共有して見ることができるので、その場にいる先生の評価だけでなく、すべての先生方の評価を積み上げて総合的に判断することができます。また、この仕組みによって、iPad を使いたいがための子ど

もたちの「その場限りでの行動」のようなものも正当に評価できるようになっています。

　iPad で使う壁紙の贈呈式は、ラーニング・コモンズにて行われ、校長先生から贈呈されます。

⑤ 使える機能が増えることは子どもたちの憧れ

　レベルが上がることで、子どもたちができることが増えていきます。グリーンからブルーになると使えるようになる AirDrop の機能に注目して、実際に、子どもたちがどんなふうに「レベルアップ型ルール」を受け止めているのかを先生に伺ってみました。

◇ iPad 導入時の子どもたちの AirDrop の使い方

　AirDrop は iPad や iPhone から、写真、動画、作成したスライドなどを手軽に送信できる機能です。使い方は簡単で、共有したいデータを選び、そこからボタンを3つほど押せば相手にデータを送信することができます。

2018 年に iPad を導入したときには、AirDrop 機能を制限せず、自由に使えるようにしました。賢く、便利に使っていた児童もいた一方、やはりよくない使い方をする児童もいました。

例えば、AirDrop を使って学習に関係のない写真を、クラスメート全員に勝手に送りつけることもありました（ニュースでも AirDrop で見知らぬ人に勝手にデータを送りつけるという事件が伝えられていました）。

このようによくない使い方をするという児童の状況もあり、さとえ式レベルアップ型ルールにおいて、グリーンでは AirDrop は使用できない設定にし、モラルが高まったブルー以上で AirDrop が使用できる、という形をとりました。

◈ AirDrop が使えない中での iPad の使い方

2019 年からさとえ式レベルアップ型ルールを導入し、全員がグリーンからスタートしました。家庭で iPad を使っていたり、iPhone を持っていたりする児童からすると、AirDrop が使えない状況は不便で仕方がなかったことでしょう。そんな中で、データを共有するときには、ドライブや Evernote にデータをアップし、アップされたデータを見たり保存したりと、手間のかかる状況を児童たちは経験しました。そうすると早くブルーに上がりたいと思う児童や、ドライブなどの使い方をマスターし、ICT スキルが向上する児童もたくさん現れてきました。不便さを経験することでいろいろなスキルを身につけることにもつながりました。

◈ ブルーへの憧れ

さとえ式レベルアップ型ルール導入時はブルーに上がる児童は少なかったものの、1 年もするとブルーに上がる児童も多くなり、グリーンの児童がどんどん少なくなる、という状況になっています。

ブルー同士の児童は授業で撮った画像や動画を共有する際、すぐに AirDrop を使い、共有しています。一方で AirDrop を使用できないグリーンの児童は、ドライブを経由して共有をしています。また、教員が共有したいデータを児童に送る際も、ブルーの児童にはすぐに送信できますが、グリーンの児童にはこれまたドライブを経由して共有することになります。そうすると手間も時間もかかってしまいます。そんな状況が続くと、高学年ではほとんどがブルー以上の児童のため、「早く上がらないと…」と必死になる児童もいます。３年生では、ブルー以上の児童が少ないため、AirDrop を使用している児童を見ると尊敬のまなざしで見ています。AirDrop という１つの便利な機能が児童の ICT スキルを向上させようという気持ちを焚きつけているかもしれません。

（浅田裕太郎　５年担任・ICT メンバー・理科）

4 ⋮⋮⋮ レベルダウンの判断

　レベルアップをするときの仕組みだけでなく、「かしこくなるため」の活用ができていなければ随時レベルダウンすることになっています。一度レベルダウンしてしまうと、次のレベルアップのチェック日までレベルアップすることができません。

　たくさんのことができる自由と、きちんとしなければならない責任とを、学校のなかでも明確に示していることで、自由と責任を子どもたちが体得していくこともできるのではないかと思います。

　以下のモラルで１つでもできていなければレベルダウンとなります。

- 授業でのふるまい
- 家でのふるまい（保護者チェック）

　【グリーン】ランドセル管理

【ブルー】置きっぱなしにしない管理

- 登下校使用しない
- 休み時間使用しない
  ◇ ただし、先生に許可をもらい「iPad 使用許可証」を首からかけていれば OK
- 指定されている学習アプリ以外は使わない

◎よくない使い方をする子たちほど成長する？

　子どもたちにとっては親しみのある（遊び道具）の iPad が手元に届きました。学校保管の共有 iPad ではアカウントの切り替えやら何やら、使い勝手が悪く、不便なことだらけだったことを経験済みの子どもたちは「自分専用」の端末があるということの大きなメリットを身に染みて理解していたはずです。最初の頃は、それはもう丁寧に、慎重に、「真面目に」iPad を使っていました。

　しかし、時が経つにつれて、慣れてくるにつれて、「これくらいならいいだろう」という気持ちが生まれ、グレーゾーンはどんどん広がり、そのうち絶対ダメでしょってところまで踏み込んでしまうのも、人間として当たり前のことです。

　最初は Web 検索で学習とは関係ないことを調べてみることから始まり、閲覧制限と戦いながら必死に色々調べていたようです。そのうち、あるアプリ経由で Web 検索をすると制限がかからないことを発見し、仲間から崇められる勇者が現れました。一人が二人の友だちに、その二人が四人に……と情報が伝わっていくと、教員にもその情報はちゃんと伝わってくるから不思議です。翌日にはそのアプリが削除されるなんてこともありました。

　一度崩壊したダムは二度と戻りません。そこからはいたちごっこです。閲覧制限にかからず、遊べるゲームサイトを発見してきては、教員がプロファイルでブラックリストに入れる作業が続きます。さ

らに違うアプリから閲覧制限を掻い潜り、今度は教員にばれないように仲のいい友だちと iPad 上で共有して閲覧する行動もみられました。結局 SNS と同じように文字でのコミュニケーションでトラブルで困ってしまい、教員を頼ったことで発覚しました。アプリは消えるは、指導はされるは、踏んだり蹴ったりです。

そんなこんなの日々を過ごすうち、ある日プロファイルを消して制限を全て解除することに成功する猛者が現れました。しかし、彼らには残念ながら、プロファイルを消したことは MDM で通知されることになっています。

「自分の成長のためにその知恵を絞りたまえ！」と何度話をしたかわかりませんが、そんな子どもたちの中から「受験前で iPad があると我慢ができないので制限をかけて欲しい」という申し出がきた時には、成長の喜びというより「どんだけ依存してるんだ！」と笑ってしまいましたが、ちょっと嬉しくなった瞬間でもあります。

そんな子たちも卒業前にはそれまでに発見したあれやこれやを洗いざらい教えてくれるのは、もう叱られることはないことを知っているからではないでしょうか。遊ぶための試行錯誤は子どもたちにとって苦ではありません。全てを防ぐことは不可能とは思っていましたが、よくもま〜こんなに見つけたものだと感心するばかりです。正解のない問題にトライするのは授業の中でやってほしかったなあ、と。　　　　　　　　（鈴木俊喜　6 年担任・ICT メンバー・国語科）

※高学年になってから iPad を持った場合に起こった出来事です。このような状況を回避するために低学年時からレベルアップ型のルールで、望ましい使い方を身に付けさせたいものです。

5　レベルアップ型ルールが生み出された理由

さとえ式レベルアップ型ルールがどのようにして生み出されたのかを

見てみましょう。

　免許証の制度からヒントを得てつくりました。

　一人 1 台 iPad を、持ち帰りも含めて子どもたちに渡すにあたり、不適切な使い方をすることは容易に想像され、教職員全体で覚悟していました。

　本校の導入初期の段階は、児童会がつくったスローガン「iPad はかしこくなるための道具だ！」をもとに、子どもたち自らがよい使い方、よくない使い方を判断して活用していくことをねらっていました。しかし、日本における「iPad ＝遊び道具」というものは簡単に崩せるものではありませんでした。また、休み時間の活用も含めていったい何がよくないことで、そしてどこからがよくないことになるのか、手探り状態で、見守る先生たちも疲弊し、保護者からも不安の声が聞こえてきました。

　そこでとにかく不適切な使い方が発覚した児童に対しては、ペナルティー（取り上げる、禁止する）を与えることで抑止していました。よくない使い方をした児童にはよくなかったと意識させるための画像を壁紙に設定する案も出て、実際にそのような画像も作りました。

　しかし、罰則を用いて抑止とする方法はどうなのかという議論になりました。iPad が「自分たちで使う道具」ではなく、「大人が使わせる道具」になりかねないということで、この案は不採用となりました。

iPad を上手に使おう！
賢くなるために！

　意識を変えるためには、行動を変えていく必要があり、行動を変えていくためのシステムづくりをしなければなりません。上手に使いたくなる気持ちを持たせるためにはどのようなシステムにすることができるか。それがめざ

す柱となりました。

そんな中、赤ちゃんレベルから始まって大人レベルになるレベルアップ型の初期型ともいえる案が出てきました。いくつか段階に分けてレベルを設定し、うまく使えていればだんだん大人に向かい、不適切な使い方があった場合には赤ちゃんレベルになっていくというものでした。

その頃、校内に新しく「ラーニング・コモンズ」と呼ばれる、レイアウトを学びに合わせて子どもたち自身で変えることができる、異学年が学びで交流できる、そし

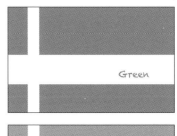

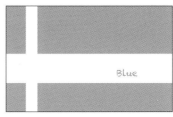

て「iPadを自由に使えるスペース」ができました。そこは子どもたちが調べ学習をしたり、意見を交換したりできる場所で、大型のモニターやホワイトボードとなる机などが常備されました。

このこととレベルアップ型のルールを組み合わせ、○○レベル以上であれば、この場所を休み時間に自由に使えるというのはどうか、という提案がありました。憧れを抱かせることで、うまく使いたいという意欲をもたせようとしました。

さらに、「運転免許がゴールド免許からブルーになってしまった際、ゴールドじゃなくなることが思いのほかショックだった」という話を聞き、それだ！ということになりました。

まずはグリーン（初心者）から始まり、ブルー（一般）、ゴールド（優良）になれば、ラーニング・コモンズを使えるようになる。そこからさらに「使える機能」も増える（制限が減っていく）というもの

と合わせた、レベルアップ型ルールとなりました。

　だれがどのレベルなのかがすぐにわかるようにロック画面や壁紙で表しています。

　しばらく運用していくなかで、想定内ではあるものの、不適切な使い方が出てきて、一時的なペナルティーの要望が上がってきました。そこでサッカーに習い、イエロー、レッド（かなり制限のかかった状態）を加え、現在のレベルアップ型ルールとなっています。

（小出庄太郎　4年学年主任・担任・ICTメンバー・図工科）

レベルアップ型ルールの運用のために

ツール

　さとえ式レベルアップ型ルールは、アナログとデジタルの両面でさまざまなツールを組み合わせて運用されています。

　ここでは、レベルアップ型ルールを運用するために活用されているツールを紹介します。

1 ▦ チェックシート

　チェックシートは、先生方も子どもたちも保護者も含めて、いつでも立ち返れる「ものさし」として用意されています。

　それぞれのレベルで必要なスキルとモラルを身につけているか、iPadをかしこくなるための道具として使っているかどうかをチェックするためのものです。

　グリーンレベルでは紙ですが、ブルーレベルより上はデジタル（Evernote で管理）となっています。児童がチェックしたり記入したりするだけでなく、先生からのチェックや保護者からのチェックなども行えるようになっています。

　※ここで紹介するチェックシートは、
　　ダウンロードしてお使いいただけます。

■ グリーン→ブルーへのチェックシートの書き方

1. "スキル＆モラル" チェック

自分ができていることすべてにチェックをする。

→すべてにチェックがされていること、スキルチェックテスト（p.65～）が満点であること、この2点を確認し、担当者は下の「テスト合格」のチェックボックスにチェックする。

グリーンカード　チェックシート

月　　日　～　月　　日　　　第　　回

年　　組（　　）名前（　　　　　　）

1. "スキル＆モラル" チェック

スキル	モラル
□カメラ機能（撮る、削除）	□授業でのふるまい
□写真アプリ（描く）	□お家でのふるまい
□文字入力（入力切り替え・ローマ字：1分間に5文字程度）	□ランドセル管理
□キーワードから目的のWebページを検索できる	□登下校使用しない
□インターネットのルールやマナーを理解し、閲覧できる	□休み時間使用しない
□学習で活用するアプリを使いこなす	□よい活用　3例（重なり可）
□パスワード、パスコードを覚えている	□学習アプリのみ活用
	□テスト合格（先生よりチェック）

2. よい活用【友だちから】

	内　容	確認者（サイン）
1		
2		
3		

☆だれのよい活用の確認者になったか（サインしてもらう）★

3. わるい活用【自分から】　前3日間で振り返し。

	やってしまったこと	日付	守れた○
1		／	
2		／	
3		／	

□正直度合格（先生よりチェック）

---

2. よい活用【友だちから】

① 【内容】に「かしこくなる」ために自分でやった活用を3つ書く。
② 【確認者】に上記をみてもらい、よい活用と認めてもらったらサインをもらう。
③ 友だちのよい活用の確認者にもなるため、☆だれのよい活用の確認者になったか（サインしてもらう）★の枠の中に確認者になった人から6人分のサインを書いてもらう。

→すべて記入されているか確認する。

3. わるい活用【自分から】

① 【やってしまったこと】「かしこくならない」活用をしてしまった場合のことを正直に書く。
② 【日付】やってしまった日付をかき、同じことを3日間しなければ【守れた】に○を記入する。

→書いている場合、下の正直度合格にチェックをする。

4．ブルーカードにむけての宣言

以下の3点が入っていることが合格の条件。
①グリーンカードのときの自分の行動について（よかったところ、直さなければならないところ）
②お家の人と約束したこと
③ブルーになってやってみたいこと（かしこくなるために）

→これらを満たしていれば、このパートは合格。

→1〜4までの項目すべて合格と、最後に保護者のサインがあれば、グリーンカード卒業にチェックを入れて、ブルーとなる。

4．ブルーカードにむけての宣言

＜お家の人のサイン＞

☐ グリーンカード卒業 (先生より)

2 ::: スキルチェックテスト

　各レベルにおいて求められるスキルが身についているかどうかをチェックするテストが行われます。Google フォームで作成しているため、児童自身でテスト後すぐに点数がわかり、自己評価ができ、担当者は瞬時に集計ができます。また児童へは QR コードを提示し、それを読み取って iPad で回答していきます。

　※下の QR コードからコピーして、
　　ご自身の Google ドライブに保存してご活用ください。

グリーン→ブルー 　　　　ブルー→ゴールド

1 グリーン→ブルーへのスキルチェックテスト

グリーンカードスキル チェック（3）

【第3回】2月第1週の総合の時間
グリーンカードレベルのスキルが身についているかどうかのチェックフォームです。今の自分の力を知るためのものです。

ファイルをアップロードしてこのフォームを送信すると、Google アカウントに関連付けられている名前と写真が記録されます。

ではないですか？アカウントを切り替え

*必須

学年（がくねん）*

選択　　▼

● ID とパスワード

まず、このページにアクセスするために、Google の ID とパスワードを入力しなければならず、覚えていないとテストを受けることができません。これにより、低学年のころから ID とパスワードを覚えるという習慣付けを行います。

◉しゅっせきばんごう

出席番号の欄は、半角数字で
の入力でないとエラーが出る
ようになっています。
これは、児童にとってわかり
にくい、全角と半角の違いを
理解し、使い分けることがで
きる力を測っています。

◉名前（なまえ）

文字入力のスキルを測ります。

◉第1チェック

写真のスキルを測ります。写
真を撮り、そこに書き込むこ
とができるスキルをみます。
また、ファイルをアップロー
ドするスキルも測ります。

◉第2チェック

調べ学習の過程を把握してい
るかどうかみています。

◉第3チェック

検索力を測っています。キー
ワード検索ができているか、
測っています。

第4チェック：第3チェックでしらべてわかったこと、とくに頭の形はどんなものかなど、みんなにおしえたいなとおもうとくちょうをかいてください。 *

回答を入力

第5チェック：あんぜんに、せいかくにインターネットをつかうには、どんなところにきをつけなければいけませんか。あてはまるものすべてにチェックしてください。 *　10ポイント

☐ だれが発信（はっしん）しているか

☐ しゃしんや絵（え）、イラストなどがたくさんあってわかりやすいか

☐ 更新（こうしん）している日付（ひづけ）

☐ そのページにあるしゃしんや絵（え）をかってにつかってはいけない。

☐ そのページにある文やことばはかってにつかってもよい。

☐ しりたいことは、"はてな"なことなので、けんさくすることばのさいごに？マークをいれなければならない。

☐ いままでにないとんでもない発明（はつめい）や、何もしなくてもお金がもらえるページはどんどんつかっていくほうがよい。

☐ なにかおかしいなとおもったら先生かお家の人にみせるようにしなければならない。

第6チェック：グリーンのルールについて、ダメなものすべてにチェックをしましょう。※よく読まないと・・・ *　10ポイント

☐ iPadをつかわないときは、せんせいのきょかがなくても、つくえのなかにいれておいてよい

☐ せんせいのきょかがなくても、かってにつかってもよい

☐ あるきながらiPadをみてはいけない

☐ ともだちにじぶんのiPadをかしてあげてもよい

☐ ともだちのようすをしゃしんでかってにとってもよい

☐ インターネットでポケモンのことをしらべてもよい

第7チェック：エバーノートの「じぶんのなまえ」のノートブックの中に、「iPadのふりかえり（じぶんのなまえ）」というノートをつくり、もってきたグリーンカードのワークシートのおもてとうら、りょうほうをそのノートにのせましょう。※エバーノートのしゃしんきのうをつかってやりましょう。 *　10ポイント

◯ 自分でつくった「iPadのふりかえり」ノートにワークシートをはりつけることができた

◯ やりかたがわからない

送信

◉第4チェック

検索した結果からほしい情報を抜き出すことができるか測っています。

◉第5チェック

情報モラルの基本ができているかどうかを測ります。

◉第6チェック

ネット上での文章を読む能力を測っています。また、レベルアップ型ルールを理解しているかどうかも測っています。

◉第7チェック

学校で使用しているアプリのスキルを測っています。

2 ブルー→ゴールドへのスキルチェックテスト

◉ ID とパスワード

グリーン→ブルーのテストと同様に、このページにアクセスするために、Google の ID とパスワードを入力しなければならず、覚えていないとテストを受けることができません。これにより、日頃から ID とパスワードを覚えるという習慣付けを行います。

◉出席番号

半角数字での入力でないとエラーが出るようになっています。
これは、児童にとってわかりにくい、全角と半角の違いを理解し、使い分けることの定着をねらっています。

◉第1チェック

「よい活用 Book」とは、スローガン「かしこくなるための道具」を具現化させるためのものです。自らの活用を客観的にみて、みんなに広めたいと思える活用方法を、自らアプリを選択してまとめます。他の人がみてわかる、やってみたくなることがポイントです。

第2チェック：「よい活用Book」をドライブにアップロードしましょ　　10ポイント
う。*
ドライブ「総合」の中の「レベルアップ型ルール」フォルダの中の適切な場所に保存してくだ
さい。

○ アップロードできた

○ アップロードできなかった

●第2チェック

クラウド活用力を測っていま
す。指定の場所にアップでき
ているかどうか確認します。

第3チェック：「自分の乗る電車が遅れている」かどうか知りたいと思います。
インターネットの検索ワードはどのように入力しますか。

回答を入力

●第3チェック

キーワード検索等、検索力を
測っています。

第4チェック：大宮でラーメンを食べたいと思います。ただし「とんこつ」と
「みそ」味はさけたいと思います。どのように検索ワードを入力しますか。*

回答を入力

●第4チェック

高度な検索方法を習得できて
いるかどうかをみます。ただ
し、本テストはネットで調べ
ても可なため、調べ学習にお
いて自分がほしい情報にたど
り着くことができるかどうか
も測ることとなります。

第5チェック：iPadのSafariで画像検索（画像からインターネット上の情報を検索
する方法）するときの写真にある赤丸で囲んだ画面を出す手順を説明しましょ
う。※iOS13以上の場合

●第5チェック

iPad を使いこなしているかど
うかをみています。これもテ
スト前にわかっていなくても、
ネットで調べるとわかること
で、検索力も測っています。

第6チェック：この画像は、さとえのグランドでみつけた生き物です。　　10ポイント
この生き物が何かを調べ、親の名前を書きましょう。　※カタカナで答
えましょう。◎ヒント：「親はピウ、ピウ」と鳴き、足は長い方で、グ
ランドを歩き回っています。

●第6チェック

画像検索スキルを測っていま
す。わからないことをどのよ
うにしてネットで検索してみ
つけていくか、ネット検索を
複合的に扱いながら解をみつ
けていく過程を測ります。

回答を入力

第7チェック：クワの木はキッズファームにたくさんありますが、学校 10ポイント
の校庭にどれくらいあるでしょうか

○ ない
○ 1本ある
○ 2本ある
○ 3本ある
○ 4本ある
○ 5本以上ある

第8チェック：ビオトープの池に最適な生産者を入れなければなりません。どん
な生産者を入れればよいでしょうか。①検索ワード、②検索サイト（URLをコピー
して貼り付ける）複数可、③生産者名、④選んだ根拠、の４つを書きましょう。

回答を入力

第9チェック：ドメインとは何か説明しましょう。

回答を入力

第10チェック：安全に、正確にインターネットを活用するには、どん 10ポイント
なところに気をつけなければいけませんか。あてはまるものすべてにチ
ェックしてください。

☐ だれが発信しているか確認する。
☐ 写真や絵、イラストなどがたくさんあってわかりやすいことが一番大切である。
☐ 一つのサイトだけで知りたいことを理解するのではなく、複数のサイトをみて比較し
　ながら判断する。
☐ 調べ学習は、インターネットだけで十分である。
☐ 更新している年月日を確認する。
☐ そのページにある写真や絵を勝手に使ってはいけない。
☐ そのページにある文や言葉は勝手に使ってもよい。
☐ 知りたいことは、"はてな"なことなので、検索する言葉の最後に「？」マークをいれな
　ければならない。
☐ 今までにないとんでもない発明や、何もしなくてもお金がもらえるページはどんどん
　つかっていくほうがよい。
☐ 何かおかしいなと思ったら先生かお家の人にみせるようにしなければならない。

第11チェック：さらに安全にインターネットをみるためには、そのURLをみる
ことでわかります。例えばどのようなURLなら安全で、どのようなURLなら少し注
意したほうがいいか説明しましょう。

回答を入力

第12チェック：ゴールドはどういう活用ができている人のことをいいますか。
その条件を５つ以上あげて説明しましょう。

回答を入力

◉第7チェック

　iPadの活用は、iPad上のみ
で解決するのではなく、普段
の授業とつなげて活用してい
くことができているかを測り
ます。

◉第8チェック

　文字入力スキルと情報収集、
編集、発信力を測ります。

◉第9チェック

情報収集と情報モラルを測り
ます。

◉第10チェック

情報モラルの基本が身につい
ているかどうかを測っていま
す。

◉第11チェック

情報モラルの安全性を測って
います。

◉第12チェック

文字入力のスキル、レベルアッ
プ型ルールを理解しているど
うかを測っています。

3 ::: よい活用 Book

「よい活用 Book」は、レベルアップテストのときの自己評価として児童が作成します。自分がどのように iPad を活用しているのか、これからさらにどううまく使えるようになっていくのか、ということを考えるよい機会になるように思います。

⑥Trello

今の時期は塾や学校の宿題が多い、予習や復習をあの日までにやらなければいけない、ですがそれを自分の頭の中では把握できません。なので、期限切れ対策のために使います。自分がやれた宿題や予習、復習をチェックしていけば達成感が出て、やる気の源にもなります。

⑦リマインダー

これは、生活のリズムを整えるためのものです。月曜日だと何時塾なのかなど曜日によって違うのでそれに合わせて作っていきます。

また、やることリストとして別で活用します。自分ができたものをチェックしていくシンプルな作業からも達成感がうまれると思いました。

中学校に向けての予習など受験がおわる2月には完璧にしたいと思います。

ブルー→ゴールドをめざしたテストを受けた児童が作成した「よい活用 Book」の 1 ページ。
この児童は、学校で活用しているアプリそれぞれについて、自分なりの活用方法、とくに「かしこくなるための道具」としての活用を紹介しています。

4 ::: デジタルツール

子どもたちが一人 1 台 iPad を活用しているのに、子どもたちを教え育む先生方の業務がアナログでは話になりません。

さとえ学園小学校では、さとえ式レベルアップ型ルールを運用するために、さまざまなデジタルツールが活用されていて、一人1台のiPadの管理、レベルアップのときの評価や、先生同士の情報共有など、さまざまな場面でデジタルは必須のものとなっています。

● mobiconnect

mobiconnectは、児童が一人1台で使っているiPadを管理するために導入しているMDM（「Mobile Device Management」の略称）です。mobiconnectを使うことで、管理者は複数のモバイル端末を遠隔で管理・操作することができるようになります。

さとえ式レベルアップ型ルールの運用においては、どのアプリを利用できるようにするかなどの管理も行っていますし、機能制限なども行っています。また、レベルが上がったときに壁紙を変えたりするのも、mobiconnectによって行っています。

● Evernote

Evernoteは、パソコンやスマートフォン向けの個人用ドキュメント管理システムで、ノートを取るように情報を蓄積することができます。さとえ式レベルアップ型ルールの運用においては、グリーンのチェックシートは紙にチェックするようになっていて、児童がチェックしたらスキルテスト当日に提出ボックスへ入れてもらいます。このとき、チェックシートはEvernoteにも残すことになっています。ブルーのチェックシートは、Evernote上にチェックシートがあるので、ひな形のノートを「自分の名前」ノートブックにコピーして記入しま

す。 また、悪いことをした場合に、改善のための方策を自ら考え提出をしますが、このときには、Evernote のポートフォリオ「自分の名前」ノートブックの中に「iPad について」というノートを作成し、そこに書き込むようにします。先生は、Evernote 上で児童の改善策を見ることができるようになります。また、状況が改善されているかをチェックするのも、先生の iPad からいつでもチェックできるようになっています。

◉ Google フォーム

スキルチェックテストは Google フォームで作ってあるので、児童は自分の iPad でカメラを起動し、QR コードを読み込んで、スキルチェックテストに iPad を使って取り組みます。

◉ Google Classroom

Google Classroom は、Google が学校向けに提供している無料の Web サービスで、先生と児童の間で、ファイルの共有、課題の作成・配布・採点などを行うことができます。学校内でも学校外でもアクセスすることができるようになり、連絡のやり取り、情報の管理が容易になります。

◉ Google スプレッドシート

Google スプレッドシートは、Google が提供するスプレッドシートプログラムです。ブラウザ上で編集を行うことができます。複数のユーザーで同時にアクセスしたり同時に編集したりできるので、児童の評価をすべての先生方が共有して見ることができます。 さとえ

学園小学校の先生方は、教師用
iPad で Google スプレッドシー
トにアクセスして、該当する児
童の欄にチェックを記入し、理
由や担当なども確認できるよう
になっています。こうすること
で、児童を評価する際に、その

場での自分の評価だけでなく、すべての先生方の評価を積み上げて総
合的に判断することができます。そのために、先生方は、気になった
ことなどを共有のスプレッドシートにどんどん記入し、情報を蓄積さ
せています。

◉ Slack

　Slack は、チームとコミュニケーションを図るためのツールです。
ビジネスチャットツールとして広く使われています。Slack では、「チャ
ンネル」というグループチャットの機能があり、そこでメッセージや
ファイルのやりとりができます。

　さとえ学園小学校では、教師用 iPad からアクセスできるので、わ
ざわざ職員室に戻らずに情報を共有することもできます。学校外への
出張のときにも、校内にいるときと変わらずリアルテイムでコミュニ
ケーションを行うことができます。

　上記の Google スプレッドシートなど、先生方で共有しておいた方
がいい情報は、Slack で URL を送り、全員がいつでもアクセスできる
ようにしてあります。

　全員に対して情報発信するだけでなく、「3 年生学年団」などのよ
うに個別のチャンネルを作ることができ、文字情報としてディスカッ
ションができるので、後から意思決定の過程を見直すことができる、
という利点があります。

もちろん、すべてのコミュニケーションを Slack で行っているわけではなく、顔を合わせてのミーティングや会議などと使い分けることで効果を発揮します。

　実際に Slack を活用している様子について、先生にお話を伺ってみました。

◈メモでは相手に伝わらない

　iPad が導入される前は、先生たちの伝言ツールは主にメモで伝えるか、対面で直接伝えるかのどちらかでした。例えば、保護者から担任宛に電話があったとき、以前はメモで電話があったことを伝えていました。しかしメモで伝えると、相手がいつそのメモに気づくかはわかりません。実際に電話があったことに気づくのは数時間後、もしくは他の書類に埋もれてそもそもメモに気がつかないということもありました。また、早急の呼び出しがある場合には、校内放送で周知するしかありませんでした。このように iPad が導入さ

れる前は、教員間のコミュニケーションとしてしっかりと成立するためには「対面」で「直接」伝えるしかなかったのです。

◎先生と先生をつなぐコミュニケーションツール＝ Slack

　iPad が導入され、現在、教員間の連絡ツールとして Slack を使用しています。Slack を使うことで教員間での連絡の漏れがなくなりました。保護者から電話があったことや、個人的な仕事のお願いなど個々のやり取りがスムーズに行われるようになり、一人一人の教員が時間を無駄なく有効活用することができるようになっていると思います。

　また、Slack では個人間のやり取りに限らず、学年ごと、教科ごとにチャンネルと呼ばれるグループでやり取りをすることも可能です。特に学年チャンネルでは、各クラスで共有したい情報や連絡事項、学年で行う行事などでの連携のためのやり取りとして使用しています。

　iPad が導入される前は、一度集まって話し合いをする必要がありましたが、一堂に会さなくても情報共有をすることができるようになりました。本校では、このチャンネルを活用して教員全体に周知すべき情報を共有するチャンネルがあります。例えば、通学の電車に遅延があった場合、各駅と事務室、担任をリアルタイムで情報の共有をしています。運動会などの行事の時には、各場所にいる担当が準備状況などを確認するために使うなど、全体を通して時間短縮につながっていると思います。

◎ Slack の可能性を広げて

　先に述べたように、Slack は主に連絡ツールとして使用していますが、最近は校内研修の場でも活用しています。2020 年は新型コロナウイルスの影響により、対面で接する機会が減ってしまいまし

た。そのため学年内での会議や校内研修がSlackでできないかと考えました。

　メリットとしては、

　①どこにいても会議（研修）に参加することができる

　②会議（研修）の内容を記録として残すことができる

　③並行して行われている会議（研修）に同時に参加することができる

　ことが挙げられます。

　しかし、このようなslack上の会議をしていく上でデメリットも浮かんできました。デメリットとしては、

　①話し合いが遅延し、結論が出ないことがある

　②文章にすることに時間がかかり、活発な議論になりにくい

　③参加者が会議（研修）に参加しているか見えない部分がある

　この点は、今後、より有効な使い方を目指して改善、検証していく必要がある部分だと思います。

（石井美帆　5年担任・家庭科）

5 担当者の役割

　さとえ式レベルアップ型ルールを支えている各種ツールを紹介してきましたが、運用は最低限の人数でできるようになっています。

　実際に担当する先生がすることをまとめます。

1）スケジューリング

　• スキルアップテストをいつするのか、アナウンスする。

2）ワークシートの印刷と配布（グリーンのみ）

3）テスト制作（フォームを少し変更するのみ）

※テストの実施は、担任やテストを実施する時間の担当教員が行う。

4）テスト集計と判定

＜判定手順＞

①テストは Google フォームで実施しているため、集計はスプレッドシートに書き出してソートをかけて満点者のみをリストアップする。

②満点者で、チェックシートを完璧に仕上げている児童のみをリスト化する。

③教員用スプレッドシートでつくった全校児童のチェックシート（不適切な使い方をした児童はチェックが入っている）にチェックが入っている児童を除外する。

5）担任にリストを渡し協議して最終決定をする

※結果を各クラスで担任より発表してもらう。

6）壁紙贈呈式を行う

※校長より言葉をいただく。

第**4**章

保護者との連携で
環境をつくる

連携を
仕組みに

　さとえ式レベルアップ型ルールは、学校だけで成立しているわけではありません。学校での仕組みの運用のなかに、保護者・家庭との連携が組み込まれていることも大きな特徴です。一人1台のiPadを持ち、児童がそれを使いこなすようになるということは、学校という枠組みを超えて、児童の生活のなかにデジタルが浸透してくるということに繋がります。そうしたときに、家庭の理解は不可欠です。

　さとえ学園小学校では、学校だけでなく、家庭とも連携して、子どもたちがどうデジタルと付き合っていくのか、という環境をつくることを行っています。

　さとえ式レベルアップ型ルールは、デジタルツールを使って運用しているからこそ、保護者との連携を実現することができています。例えば、レベルアップ型ルールの共有事項はEvernote上にアップされています。そのため、保護者の方も、いつでも最新のレベルアップ型ルールについて知ることができるようになっています。

1 ::: デジタルで共有する

　さとえ式レベルアップ型ルールでは、レベルアップのためのチェックシートで、保護者が家庭でのiPadのチェックを行うようになっています。学校から保護者へは、以下のような連絡がされているそうです。

◉ご家庭での使い方をチェックしてください。
　お子様がiPadを見せてくれない場合はご連絡ください。
　グリーンカードの時期は、教師からのアナウンスがない限り、宿題の

みの活用です。宿題以外の活用をしていれば、「グリーンカード」ワークシートの最後に保護者サインをしないでください。

ブルーカードについては、教師からのアナウンスがない限り、学習活動のみの活用です。ブルーカードの保護者チェックの場所は、Evernote の「自分の名前」ノートブックの中にお子様がつくった評価フォームのノートの最後にチェックボックスがありますので、そこにチェックしてください。

◉ 必ず児童の iPad からこの評価フォームのノートをご覧いただき、児童の iPad 上でチェックボックスにチェックをして（もしくはしないで）ください。しない場合は、理由を書き込んでください（お手数ですが、連絡帳や直接担任にもお知らせいただければと思います）。

◉ また、理由が「かしこくなるため」の活用か判断が迷う場合（「先生が使っていいと言った」の発言は×）については、Evernote にその活用のことについて記入してください。

レベルアップ型ルール　共有事項

保護者の皆様　先生へ〜お願い〜　そして、児童の皆様へ

この「レベルアップ型ルール　共有事項」は随時更新されていくことをご了承ください。

iPadは、今日の学習の内容や学校での活動の様子がみられるものとなっております。
ぜひ毎日ご覧いただき、お子様の様子をみていただければと思います。ご理解、ご協力のほどよろしくお願いいたします。

○２０２１年度 第1回グリーン、第1回ブルー　スキル＆モラルチェックテスト期間
　・７月上旬　１・２年　生活等の時間にて

☆はじめに

「先生に怒られるから」「お家の人がだめっていうから」という判断基準でやっている子はレベルアップさせない。
先生や親のせいにするのではなく、自分でよいか悪いか判断できる子「自らをコントロールできる＝主体性の基礎」に育てたい！！
しかし、失敗は成功のもとで、失敗することで学んでほしいので、「失敗が問題ではなく、失敗を隠したり、何度も何度も繰り返したりすることが大問題である」ことを伝えてほしい。
「失敗＝できなかったことがわかった→できるために何をすればよいかをみつけていこう」ととらえさせていきましょう！！

＜子どもたちにお話してほしいこと＞

☐ 前提として・・・
iPadは「かしこくなるための道具」であることの再確認。

今年の目標は「**みんな**が、かしこくなるための道具」になること。
そのためにこのレベルアップ型ルールがある。
児童は「いいとこみつけ」に徹底すること、教師が「改善すべきところ」を指導するので、
・「○○くんが悪い子としていました」というのではなく、
・自分だけがブルー（次のステップ）をめざすのではなく、
みんながブルーになれるように助け合うことをめざしてほしい。

こうして「どのように家庭で見てほしいのか」ということを伝えてあると、保護者としてもどのようにチェックすべきなのかが明確になっていいと思います。

ICTを子どもたちが活用することの意義や、「かしこくなるための道具」として使ってもらうための方法などについて、どのように保護者に伝えるのか、というのはとても大切なことだと思います。

2 ⠿ リアルに集える会

さとえ学園小学校では、デジタル上での情報共有以外にも、「保護者会全体会」「親子ワークショップ」「保護者研修会」を開催したり、「保護者ポータルサイト」を開設したりして、保護者との連携を進めているそうです。それぞれについて先生にお話を伺いました。

◎保護者会全体会

保護者への周知にあたり、まずは保護者会全体会にて概要を説明しました。内容としてはiPad導入に向けての目的「さとえ型iPadプロジェクト」の説明と協力のお願いです。一人1台のiPad導入に向けては保護者の理解と協力が必須でした。

◎親子ワークショップ

2018年7月7日、いよいよ子どもたちの手にiPadが手渡される日。この日は、親子ワークショップとしてiPadの初期設定や家庭でのiPadの付き合い方について説明しました。基本的なルールや家庭に持ち帰った際の約束事は同意書とワークシートに記載し、各家庭で話し合ったうえで使用する準備を整えました。さとえのスローガン

「iPad はかしこくなるための道具」を合言葉に iPad プロジェクトがスタートしました。

◇保護者研修会

　子どもたちにはレベルアップ型ルールを用いて iPad のスキルアップを図っていくと、ある相談が保護者より寄せられました。それは、「iPad について子どものほうが詳しく、何をやっているのかわからない。」「親の知らないところで子どもが iPad を操作してしまう。」といった内容でした。このような問題を解決するべく、保護者研修会を開きました。内容としては現在学校で使用している主なアプリの説明と保護者のスキルアップ、そして子どもの使用を制限するスクリーンタイムの活用について等です。その後も質疑応答の時間を設け、保護者の方と一致団結してプロジェクトを進めるための研修を行いました。

◈保護者ポータルサイト

　前述の保護者研修会等はすべての保護者が参加できるわけではありません。そのため、保護者ポータルサイトを設置し、その中にア

プリの詳細や質問の多い内容をFAQ として掲載しました。また、動画等は Satoe Channel にアップして情報共有を進めました。

（須田智之　１年学年主任・担任・
ICT メンバー・算数科）

第5章

これからの
学校のスタイル

　さとえ学園小学校では、一人１台の iPad を持つに際して、さとえ式レベルアップ型ルールでスキルとモラルをみんなが持ち、先生方が子どもたちを信頼して iPad を持たせているからこそ、これからの新しい学校のスタイルにもいちはやく適応できている部分が多いと思います。

　そのなかには、リモート授業や、EdTech も活用した宿題の新しい形、児童会活動などがあります。また、そのような状況から保健室の役割も変わってきたといえるかもしれません。

1 ::: リモート授業

　リモート授業とは、「自宅にいながら学校の授業と同様の内容の学習をすること」です。2020 年 2 月末の政府からの休校要請直後から約 1 ヶ月間、さとえ学園小学校では様々な教科でのリモート授業を試行し、4 月の第 3 週より 1 日 6 時間のリモート授業を開始しました。

　児童は個人持ち iPad（学校貸与）を使い、授業や課題に取り組みました。しかし、家庭により通信環境は違うので、Wi-Fi ルーターがない、Zoom がうまく繋がらない、音声が途切れるといった事例も生じました。そのため、リモート授業では Zoom などオンライン上のやり取りが必須ではなく、全教科毎時間設定している課題を達成することでその授業の学習を履修したこととしています。Zoom を繋ぐことが難しい児童にも授業内容が伝わるよう、毎朝配信する Google Classroom では授業の概要も載せて送信することとしました。

リモート授業では、制服または体操着で参加することとしました。

さとえ学園小学校　リモート授業の流れ

1）事前に、臨時時間割で授業を確認する

次の日 ←

7）終わりの会をオンラインミーティングで行う

2）朝の会をオンラインミーティングで行う

6）午後の始まりは、オンラインミーティングでスタートする

Google classroom に連絡がくる

3）毎時間、担当教員より課題を受け取る

提出は Google classroom Google フォーム へ

5）課題を提出する

Qubena + スタディサプリなど学習アプリ

ノートやワークシート

身体を動かしたり楽器を演奏したり

4）指示のもと、課題を行う

◇教員のリモート授業の流れ

① Google Classroom で課題の配信

　当日の朝8時に各教科担当が今日の課題を配信する。当日の8時に配信されるように事前にセットしておく。

②授業開始

　Zoom で授業を開始する（Zoom の参加が難しい場合は、Google Classroom の課題に取り組むのみとする）。

　子どもが担当教員の Zoom に入る。最初に Zoom や動画で課題や単元の説明をし、そののち Zoom や動画を終わりにして、子どもは課題に取り組む。体育など実技の教科は時間のほとんどを Zoom で一緒に実技を行い、最後に簡単なアンケートの課題を Google Classroom で送るという教科もある。

③課題の確認

　児童が課題を終えたら、Google Classroom 等で課題が提出される。教員はチェックを行う。不備があれば、Google Classroom でやり直しとなる。

◎注意すべきこと

　課題が時間内に終わるように、提出の時間も含めて時間内に終わるように課題の量を調整する。子どもの負担になりすぎないように注意する。

この時間割は休校終了後回収します。大切に保管してください。

休校中の時間割

さとえ学園小学校 4年1組

朝の会 8:30 終わりの会 14:35	月	火	水	木	金
1 8:50~9:30	国語 田中 3	国語 田中 2 3	国語 田中 4	国語 田中 2 6	国語 田中 6
2 9:40~10:20	算数 習熟度別 下記参照	算数 習熟度別 下記参照	算数 習熟度別 下記参照	算数 習熟度別 下記参照	算数 習熟度別 下記参照
3 10:30~11:10	体育 室井	音楽 小澤彩 8 2	体育 室井	音楽 小澤彩 6	体育 室井
4 11:20~12:00	読書 田中 8	道徳 田中 8	英語	英語	特活 田中
5 13:00~13:40	社会 橋本・田中 3	書写 田中 2	社会 橋本・田中	総合 山中 7	社会 橋本・田中
6 13:50~14:30	理科 早川 4	総合 山中	理科 早川 3	図工 小出	理科 早川 4

※各教科クラスルームの課題を確認してください。英語は ZOOM を使いません。

算数習熟度担当教員 Zoom ID

はくちょう1須田（　　　　　　）　はくちょう2山口雄（　　　　）

わし大田（4　　　　）　こと1岩井（　　　　　　）　こと2山中（　　　　3）

5月以降のリモート授業のキーワードは、「心身のケア」でした。画面をずっと見ているのが辛い、子どもたちが話す場面や活動場面がなかなか取れないことが4月時点での課題として挙げられました。これを受け、5月より次頁の時程でリモート授業を実施してい

きました。

　新たに加えたのが、わんぱくタイムと相談タイムです。これにより、休憩やiPadの充電時間の確保、担任や授業担当者と児童が話をする機会を設けることができました。

朝の会	8：30 〜 8：40
1時間目	8：50 〜 9：30
2時間目	9：40 〜 10：20
わんぱく	10：20 〜 10：40
3時間目	10：40 〜 11：20
4時間目	11：30 〜 12：10
昼食・休憩	12：10 〜 13：10
5時間目	13：10 〜 13：50
6時間目	14：00 〜 14：40
相談タイム	14：50 〜 15：00

◇教員も自宅からリモート授業

　4月からのリモート授業では、教員も自宅からリモート授業を実施しました。

　例えば、音楽のリモート授業では、自宅にあるピアノで伴奏を弾きながら歌唱教材を扱う、リズム打ちの練習、鑑賞など、対面授業

に近い形での授業も実施することができました。リモート授業を自宅で行うにあたり課題となったのが、Zoom だとピアノの音が途切れてしまうことです。色々な方法を試し、音が途切れないよう設定する方法を見つけることができました。また、Google ドライブを活用し、課題のやり方を説明した動画、模範演奏動画を掲載し、動画を見ながら課題に取り組めるようにしました。

　理科のリモート授業では、休校中ノートパソコンを使って自宅から授業を行いました。自宅の一室を仕事場としました。机にパソコンと iPad とテキストを常に置いておき、すぐに対応できるように心がけました。

　授業の時間になると Zoom で 10 ～ 15 分程度オンライン説明をし、残りの時間は児童が課題に取り組みました。質問があるときには再度担当教員の Zoom につなぎ、質問をすることができます。授業の後は、課題のチェックを行いました。 最初は慣れないリモート授業でしたが、慣れるにつれてうまくできるようになりました。パソコンの操作がわからないときは、学年の ICT 担当の先生がすぐに助けてくれたので、とても感謝しています。ICT 担当の先生は、通話では伝えにくいパソコン操作は、動画を使って教えてくれたので、とてもわかりやすかったです。

（早川絵美　4 年副担任・理科）
（小澤彩加　6 年副担任・音楽科）

2 ⠿ 宿題

　一人 1 台の iPad を持つようになり、持ち帰れるようになれば、iPad を活用した宿題を出すこともできます。さとえ学園小学校でどのような宿題を出しているのかを見てみましょう。

■1 学習補助教材（アプリ）

iPadを使った宿題に適した学習補助教材を選んで活用しています。

◇ Qubena（低学年算数）

　算数の学習補助教材としては計算ドリルとQubenaを使用しています（p.20参照）。

　Qubenaは、児童個々の習熟度に合わせた出題がされるアダプティブラーニング教材です。

　iPad導入前は、計算ドリルの課題と算数プリントを担当教員が作成し提示していました。

　本校でのQubenaの使い方は、授業の進度に合わせて「問題集」を事前に作成しておき、宿題として課しています。児童は、iPadを用いて問題に取り組み、解答をチェックし、解説を見ながら振り返っています。

　教員は、このアプリを利用することで、プリントを作成する手間が省けるだけでなく、児童の筆跡を確認することができ、便利で、大変助かっています。

　しかし問題点として、児童の書いた文字が認識されにくいことがあり、書いているのに読み取ってもらえないことがあります。児童は多少イライラしながら取り組むこともあるそうです。この点を補えるアプリ等があれば、ぜひ本校でも使用していきたいと考え、まだまだよりよい方法を模索しているところです。

◇ スタディサプリ（高学年理科・社会）

　4年生になるとスタディサプリ（p.25参照）のアプリを学習補助教材として活用します。

　主に、理科・社会の学習が中心で、国語や算数に比べ、授業日数

が少なく、宿題を用いて継続した学習に取り組ませるのが難しいという点があります。「スタディサプリ」の課題を与えることで、授業日以外にも学習に取り組ませ易くなりました。

　本校での使い方は、チャレンジテストに向けて学習しやすいよう、いくつかの講座を宿題として提示し、期限を決め、取り組ませています。

　高学年の児童に、このアプリを使用してみての感想を聞いてみたところ、「問題に取り組むだけでなく、動画があってわかりやすい」「授業の復習ができるし、授業教材以外の知識も学べる」などの声が挙がりました。

2 課題提出ツール

Google Classroom を、連絡ツールとしてだけでなく、課題提出ツールとしても用いています。

◇ Google Classroom

（Google Classroom については、p.73 を参照）

　同アプリの「課題」機能を利用することで、教科を問わず、アプリ上で、宿題を出すところから、提出まで管理することができます。

　本校での使い方としては、教員が宿題を配信し、児童がその課題にノート等で取り組み、それを写真に撮って、アップして提出しています。例えば、国語で扱った文章の要旨を自分の言葉でまとめる課題では、以前はその都度ノートを提出させていましたが、今では要旨の部分を写真に撮り、アップすることで提出となります。

　宿題はいつでも提出可能なので、児童はやったらすぐに提出する習慣を身につけ、「ノートを忘れた」などの失敗が少なくなりました。教員側も、いつでもチェックすることができるので、児童が登校中

に集めたノートをチェックしなければならない、という煩わしさが
なくなりました。

❸ 長期休暇中の課題

　一人1台のiPadによって、「いつでも」「どこでも」繋がれるように
なると、日々の宿題だけでなく、長期休暇中の宿題を出すこともできる
ようになります。

　これまでは、長期休暇のたびに教員が「しおり」を作成し、児童
に宿題として課していました。それが、iPad導入後は、上記のアプ
リなどを用いて宿題を作成する機会が多くなりました。児童は課題
内容の定着を図るために繰り返し取り組むことができるので、有用
性が高くなっています。また、教員側にしてみると、休み明けの課
題チェックも容易で、負担の軽減にもつながりました。
　また、以前出していた絵日記の課題を、Evernote（p.72参照）を用
いての写真付き日記に変えた学年もあります。児童は、旅行等に行っ
た際に撮った写真や内容をその場でアップしていたようで、臨場感
あふれる作品が多数ありました。

（黒須 瞳　5年学年主任・担任・算数科）

3 ⋮⋮ 児童会活動

　一人1台のiPadは授業以外の部分でも使われていきます。子どもた
ちはノート代わりにiPadを活用するようになり、クラブや委員会、集
会などの児童会活動も変わってきました。

◇クラブ活動

　iPad の導入により新設されたクラブ活動に動画作成クラブがあります。ここでは児童たちが iMovie を使用して動画作成および編集活動を行っています。個々の興味関心で動画を作り、お互いに見せ合う活動や「学校紹介ビデオを作ろう」という統一テーマのもと、児童たちが考える本校の PR ビデオの制作にも取り組んでいます。いずれは児童たちが作ったものを本校の学校説明会で公開し、募集活動に役立てられる日も近いかもしれません。

◇委員会活動

・新聞・掲示委員会　運動会など校内の行事の後に Pages を使用して記事にまとめる活動を行っています。以前は手書きのポスターや新聞作りの活動が中心で、写真などは学校のデジタルカメラで撮影したものをプリントして切り貼りする作業が必要でした。iPad 導入後は写真の撮影は児童本人の iPad を使用しているので、写真の収集や選択、編集作業がスムーズにできていて見栄えのよいものを作れるようになっています。

・美化委員会　活動の一つとして校内での拾得物の管理があります。以前は届けられる拾得物を一か所に集めて全校の児童たちが自分で確認しに来なければなりませんでしたが、iPad 導入後は拾得物を一つひとつ撮影し、一か月ごとに Google ドライブにのせることで児童のみでなく、保護者も確認できるようになり拾得物が持ち主に戻る件数が大幅に増えました。

・放送委員会　活動の一つとして給食時の放送があります。音楽を流したり、朗読をしたりと内容は様々ですが、中でも低学年から高

学年まで楽しめるクイズは全校の児童たちにたいへん人気があります。Keynote で用意した映像を各教室のモニターに映すことでテレビ番組のようなクイズとなり、視聴する児童たちに好評です。

◎集会の開催

　コロナ禍に見舞われて、体育館に集合して行ってきた集会活動は実施できず、教室のスピーカーやモニターを通しての活動に制限されました。募金活動の呼びかけや報告など各委員会からの発信は給食時の放送内で行い、児童たちが iPad に記録した画像、映像を使って視覚的に訴求する工夫が見られました。勤労感謝の日には、用務員や警備員、給食室、スクールバスのスタッフの方々へ全校児童で作った贈り物を届ける映像を児童会役員が事前に撮影して放送しました。

　毎年 4 月に開催してきた「1 年生を迎える会」を、休校期間の明けた 7 月、体育館で行い、Zoom を使用して教室で観覧できるようにしました。音声が途切れて聞き取りづらい部分もありましたが、歌や歓迎のメッセージを 1 年生の教室に届けることができました。
　クリスマス集会は日中の 1 コマを使って体育館で催し、Zoom で全校児童が観覧しました。内容は例年と同様のもので、合唱やクイズ、劇をステージ上で行いました。参加者全員がマスクを着用して行ったので、音量に限界があり、会場そのままの臨場感を観覧する教室では得られなかったとは思いますが、今後も試みていくべきと考えています。　　　　　　（大田秀雄　6 年学年主任・担任・算数科）

4 保健室から見た iPadと子どもたち

一人1台の情報端末を活用するようになることで、健康面への影響についても注目されています。

1 健康問題の実情

iPadやパソコン等のディスプレイ画面を見る時間が増え、心配されることとしては「視力」が挙げられると思います。毎年文部科学省が実施する「学校保健統計調査」において、令和元年度の「裸眼視力1.0未満の者」は小学校34.57%で、過去最高となりました。

さとえ学園小学校児童については、令和2年度46.7%です。全国平均よりも高い結果となり、視力が低い児童が多いことがわかります。しかし、視力非矯正者（眼鏡やコンタクトレンズを使用していない者）のうち、「裸眼視力1.0以上の者」は全国平均で小学校64.54%、さとえ学園小学校は63.0%と大差はなく、もともと視力のよい児童にとって機器の使用は、視力を低下させる最も大きな原因とは言えないでしょう。

それでも現在、モニターやディスプレイを使った長時間の作業で、眼疲労、ドライアイ、首や肩のこり、腰痛、腱鞘炎、疲労感、いらいらなど、目だけでなく筋骨格系や心理・精神面でも様々な症状が現れることがわかってきています。視力の低下に関しては当たり前のことですが、もと

もとの視力を維持するためには、目を酷使しない、目を休ませる、適切な明るさの下で使用することが大切です。

　また、視力が下がってきたときは、その都度眼鏡等で調節をして、授業中だけでなく日常生活中も眼鏡をかけることが重要だと思います。目だけでなく、どこか一部分を使いすぎると障害があらわれてくることは必至です。いつの間にか取り返しのつかないことになっていた……というのではなく、最悪こうなることもある、ということも教えていくことが大切だと思います。

　通学時に重くてかさばる教科書類から解放されれば姿勢・骨格への負担軽減となり、荷物で両手がふさがれ怪我をする危険も回避されるなど、メリットも伸ばしていけるのではないでしょうか。

2 オンライン保健室とオンラインカウンセリングルーム

　４か月間の休校期間において１日６時間のリモート授業を行う中で、子どもたちの心の健康を心配する声が上がってきました。

　リモート授業では、子どもたちの「先生とたくさんお話したい！」という欲求になかなか答える事ができないこと、また、しっかりと指導してくださっているご家庭ほど、子どもたちの疲れが見られました。

　その対策として、Zoom を使用したオンライン保健室とオンラインカウンセリングルームを開設しました。20分休みにオンライン保健室を開設し、誰でも気が向いたら入れる状態にしています。オンライン保健室でカウンセリングが必要だなと思う子をオンラインカウンセリングルームに案内するという流れです。

　初めは、子どもたちの悩み相談に乗れればという気持ちでいましたが、実際にオンライン保健室に来る子どもたちは、自分のお部屋

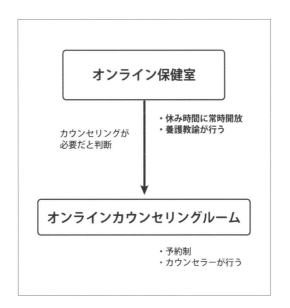

やペットを紹介してくれたり、昨日の出来事を話してくれたりします。

　ただ、何気ない会話の中で「今日はずっと家に一人だよ。」と家にいる子どもたちの様子を知ることもできました。先生と楽しいお話ができるところ、先生となんでも話せるところになれればいいなと思いながら、オンライン保健室を運営していました。

3 学校では依存の予防に重点を

　iPad が子どもたちに与える負のものとして、依存症や健康への影響が心配されています。私は一人1台 iPad を導入した2年半の間、本校を離れていましたが、新しいおもちゃを与えられた子どもたちはきっと iPad に依存していて健康面にもいろいろな影響が出ていることであろうと思っていました。

しかし、私が心配していたような、iPad に翻弄され、たくさんの健康被害を受けている子どもたちの姿はありませんでした。実際に医療機関に繋げるような児童はまだ一人も出ていません。それは、さとえ式レベルアップ型ルールにより子ども達の iPad を正しく使おうとする意識が高いからであると考えています。

　子どもの健康被害を防止するために学校で大切なことは、「依存をくいとめる」予防に重点を置くことであると思います。

（大山知子　養護教諭）
（澤田遊歩　養護教諭）

レベルアップ型ルールを
支える考え方

考え方

　児童全員が一人1台のiPadを持つ、さとえ学園小学校で運用されている、さとえ式レベルアップ型ルールをここまで紹介してきました。

　児童・先生・保護者が立ち返ることができるルール、それを具現化したツールについても紹介してきましたが、本書を読んでいる先生方が、「うちの学校でも同じ項目でやってみよう」と思うことにあまり意味はないと思います。それぞれの学校によって、めざすべき姿も違うし、児童と先生のスキルも違うからです。それぞれの先生方が、子どもたちの様子を見て、どういった使い方をしてほしいのかを考えて、それにあったスキルとモラルを項目として整備して、それぞれの学校で使えるツールでそれを運用していけばいいと思います。

　さとえ学園小学校では、「レベルアップ型ルールの基本理念」と先生方の「思い」が大きな役割を果たしていると思います。

1 ▦ レベルアップ型ルールの基本理念

◇教員、保護者の意思統一として

「先生に怒られるから」「お家の人がだめっていうから」という判断基準でやっている子はレベルアップさせられません。

　先生や親のせいにするのではなく、自分でよいかわるいか判断できる子「自らをコントロールできる＝主体性の基礎」に育てることを本レベルアップ型ルールはめざしています。

　しかし、失敗は成功のもとで、失敗することで学んでほしいので、

「失敗が問題ではなく、失敗を隠したり、何度も何度も繰り返したりすることが大問題である」ことを伝えてほしいです。

「失敗＝できなかったことがわかった→できるために何をすればよいかをみつけていこう」ととらえていきましょう‼

◆子どもたちにお話してほしいこと

前提として……iPad は「かしこくなるための道具」であることを再確認してください。

＊＊＊

目標は、みんなが、iPad を「かしこくなるための道具」として使いこなすことです。今、みんなの手元にある iPad が、この「かしこくなるための道具」へと進化するためには、

- まずは決められたルールをすべて守ることができること

  そして、
- iPad に使われるのではなく、自分のやりたいことを実現するために iPad を使いこなすスキルを身に付けること

が必要です。

例えば、グリーン（初心者レベル）では、疑わしい行動は×となります。

授業中、休み時間、お家で使うこと、すべて指示がないと使えませんね。これをミスなく、疑われることなく、守っていくことで、先生やお家の人からの信用を得ていき、そしてみんなから信頼される存在になることです。

ただ、誰でも失敗はします。

どうしても我慢できず触ってしまうこともあるでしょう。

失敗は、先生たち、お家の人たちは、あって当たり前のことだと思っています。

問題は、失敗したときに隠したり、嘘をついたり、することです。

　こうした場合はレベルアップすることはありませんし、レベル
アップしていたとしてもレベルダウンすることとなります。

　そうならないためには、何をすべきでしょうか。

　悪いことをしたと思ったら、まずは何をすべきでしょうか。

　そうです、まずは「ごめんなさい」です。

　この「ごめんなさい」は「もうしません」を意味する言葉です。

　そして、「ごめんなさい」のあとに、どうしてしてしまったのか

　さらに、やってしまった責任はどうとるのか

　最後に、これからどういうふうにしていくのか

　を伝えられるようにしましょう。

　そうすることで、失敗は成功へと変わり、失敗がなくなり、レベ
ルアップの可能性へと変わります。

　また、皆さんは友だちの「いいとこみつけ」に徹底することです。

　先生が「改善すべきところ」を指導するので、

- 「○○くんが悪いことしていました」と言うのではなく、

- 自分だけがブルー（次のステップ）をめざすのではなく、

みんながブルーになれるように助け合うことをめざしましょう。

　ただし、グリーンからブルーへは、お家の人、先生たちは疑わし
きは×とするように統一しています。（グレーなし、白か黒で）

　例えば、

- グリーンまでは iPad は授業中のみ活用できる（授業中も先生
  の指示によるもののみ）

- 使わない時間はランドセルの決められた場所に保管する

- ブルーは休み時間使いたい場合はラーニング・コモンズにて使
  用できる（教室で使いたい場合は、教室にある許可証をもらっ
  て首からかけてする）

といったようにこれ以外は疑わしいとしてレベルアップはできません。

　わかっているとは思いますが、

　ブルーの人がグリーンカードのことを非難するようなことがあれば、グリーンにもどります。

　はじめは、めんどくさい、もっと自由にしてほしい、と思うかもしれませんが、これくらいのことはすぐにクリアできるはずです。

　iPad を使いこなすためのスキルも、毎日の授業や学校生活での活用をしていればすぐに身につきます。

　全員があっという間にブルーへいくことと思います。

　楽しみにしています。

　＊＊＊

　みなさんの学校でレベルアップ型ルールを導入される場合は、いきなりルールを出すのではなく、学校の教育目標とつなげていくことで、本レベルアップ型ルールが教育目標を具現化をする実践となるでしょう。

　例えば、さとえ学園小学校であれば、

　教育目標は

　◇考え工夫する心

　◇思いやりの心

　◇感謝の心

　◇強い身体とたくましい心

であり、

　子どもたちにもう一度この教育目標を確認します。

　さらに校長先生が４月のはじめの全校集会で子どもたちにこのことをさらに覚えやすくした言葉

　さ　さいごまでやりぬく

と　友だちと仲良く

え　えがお

とつなげ、これがレベルアップ型ルールに基本にあるんだよ
と語ります。　　　　　　　　　　　　　（津田桂　科長　教務・図工科）

　また、こうしたルールがあることで、先生方も保護者も安心して、子
どもたちが iPad を使うのを応援できるのではないかと思います。
　こちらも、先生からのお話を紹介します。

◎こういうルールがあれば、先生方も安心して進められる
〜 ICT 機器を触ってはいけない時間をつくらない〜

　今では、さとえ学園小学校の生活の中に iPad があるのが当たり
前ですが、思い返すと当初はかなり不安や不満があったように思い
ます。その根底にはそもそも論として「iPad は学習に必要なのか」
という思いがあったからです。

　今、全国で ICT 機器の活用が広がりを見せている中、同じような
ことを考えている方も多いのではないでしょうか。そして、今、私
の考えは、ICT 機器は決して「必須」ではないが、限りなく子ども
たちの学びの質を大きく向上させるツールであるということです。

　例えば、子どもたちの筆箱の中に蛍光ペンがあると思います。果
たしてそれは学習に必要なのでしょうか。もちろんあった方が大切
な所を目立たせたり、自分がわかりやすいノートを作ったりするこ
とができると思いますが、蛍光ペンを全く使わない授業も当たり前
のようにあると思います。この「蛍光ペン」くらいの感覚で「ICT 機器」
を学校生活の中に取り入れていくのが先生方の不安を軽減させるの
ではないでしょうか。

「ICT 機器を触ってはいけない時間をつくらない」

このルールをつくることで、子どもたちも先生方もみんなが ICT 機器をスムーズに受け入れられるのではないでしょうか。

　ICT 機器の導入にあたり、一番の課題は「何を学ばせるのか」です。ただし、この考え方がすでに先生方の重荷となってしまうのです。

　その根拠として私はこう考えます。

- ICT 機器で遊んでしまう子が心配なので「触る時間」と「触らない時間」をつくる

　　　　↓

- 導入したのだから子どもたちがずっと「触らない時間」ではいけないので、定期的に「触る時間」を授業の中に入れていかなければならない

　　　　↓

- 「触る時間」は「触らせたい学習内容の時間」と必ずしもマッチするわけではないので、「無理やり触らせて学ばせる時間」をつくる

　　　　↓

- 授業時間を圧迫し、他の学びの弊害となるため「触る時間」がなくなり、学校ではずっと「触らない時間」となり導入の是非が問われる

　つまり、「触らない時間」をつくることにより「触る時間」を設定しなければならないことになり、「無理やり触らせて何かを学んでる風の時間」がある状態が最も避けなければならない状況なのです。私が実際に目にした光景の一例ですが、無理やりつくった「触る授業」の結果、隣りの友だちに自分の意見を伝えるのに iPad からクラウドへデータを UP し、隣りの子がそれをクラウド上で見て「ICT 機器って便利」のような本末転倒な授業となってしまうのです。

　くり返しになりますが、ICT 機器は学びを広げる道具としては非

常に有能であり、今後の日常生活の中ではその利便性を無視した生活はありえません。ただし、それはあくまでも学びを「広げる」だけであって、０から１に学びを「創り出す」のは、我々教師が行ってきた従来の学びであるべきです。

だからこそ、「触る時間」などというつまらないものに縛られて授業を組み、つまらない内容となるのではなく、「こんな事をしたいから ICT 機器を使いたいという意見が出てきたら使わせますが、あんまり使わないかもしれません」くらいの気軽な気持ちで導入した方が、保護者も教員も精神的に穏やかに過ごせます。

なぜなら、本当に全く使わない状況が続くわけはなく、子どもたちは使いたい気持ちが大きい故に、どんな時なら、どんな使い方なら使ってもよいのかを必死に考え、少しずつ使える時間を自分たちでつくっていくらからです。

先生は、無理して「触る時間」をつくる必要はないのです。

蛍光ペンをいじることで授業に集中できなくなるからといって、授業中にはえんぴつと消しゴムしか出さないといった指導はしないように、iPad もそこにあるけれども今は使う時ではないから使わないようになるのが目標です。そして、使いたいと思うタイミングで適切な使い方をできるようにしていけばよいのです。そんな子どもたちの授業風景こそが本当の未来の教室なのだと確信しています。

レベルアップ型ルールは、このような考えと両輪ですすめられていくことが大切なのです。

（山口雄哉　４年副担任・ICT メンバー・算数科）

2 ⋮⋮⋮ 先生方の思い

　一人 1 台の iPad が配布されても、「どのように使ってもらうのか」ということが背景になければ、iPad を日常的に使える学校になるのは難しいと思い一人 1 台の iPad が配布されても、「どのように使ってもらうのか」ということが背景になければ、iPad を日常的に使える学校になるのは難しいと思います。また、ただルールをつくっただけでもまだ足りません。

　一人 1 台の iPad を持った子どもたちは、よい使い方もしますが、ときにわるい使い方もします。

　さとえ学園小学校の先生方は、それでも子どもたちを信頼して使ってもらおう、という「思い」を共有しています。さとえ式レベルアップ型ルールが運用される土台には、そうした先生方の思いがあると思います。

▇ 校長先生より

　令和 2 年 2 月 27 日（木）、新型コロナウィルス感染拡大を受け全国の学校を休校するよう要請が出された。本学園においても 3 月 2 日（月）から春季休業までの間、休校措置とすることが決まる。3 月に児童が登校せずに年度末を迎える……。これまでに誰もが経験したことのないことだ。児童の学習はどうなる？成績は？卒業式は？健康状態の把握は？様々なことが思い浮かんだ。本校の場合、休校までに課業日は 2 日間ある。この間にできることは何か、やるべきことは何かを洗い出す必要がある。私は、27 日の夜、職員に通信アプリで呼びかけた。各担当ごとに思いつくことをメモでよいから書きだしておくようにと……。

するとどうだろう。数分後には、課題整理に適したアプリを活用した学年別、担当別「やることリスト」が立ち上がっているではないか。私の頭の中では、紙のメモを分類して優先順位をつけて休校に向けた準備をしようというアナログな発想しかなかったが、職員の意識もスキルも行動力もそれをはるか超えたところにあった。手前みそではあるが、さすが、さとえ学園小学校の職員である。

　翌朝、出勤すると職員室の前面に大画面のモニターが備えられ、「やることリスト」が表示されている。もちろん随時更新可能。まずは、今日と明日、二日間でやるべきことを各職員が確認し児童を迎えた。現状は児童、教職員の感染情報は無し。ならば、学習の継続をどうするかが優先順位1位の課題となる。そこで、また職員から提案があった。Zoomというアプリを使えばiPadを使って子どもたちとつながることができそうだと。一人ひとりの児童と画面上でつながることで双方向のやりとりができそうだ。それはいい！では活用するための準備を進めよう！ということで職員の共通理解、共通行動へと進んでいった。

　子どもたちは学年差、個人差はあるもののiPad活用のスキルそしてモラルを身につけつつあったので、アプリをダウンロードして担任とつながることに大きな困難はなかった。もちろん、保護者への協力依頼は欠かせない。メール配信などによりお知らせ及びお願いを各家庭に届け協力を仰いだ。児童、保護者、教職員の連携プレイにより3月2日（月）から児童とつながり、健康状態の把握、そしてリモート授業の試行が始まったのである。

　この短期間に準備ができ、休校と同時につながることができたのは、何より児童のiPad活用のスキルが身についていたことが大きい。これは、本校で導入当初から研究を重ね、レベルアップ型ルールを考案し、それに基づいて児童自身がスキルアップを目指して進んで取り組んできた成果に他ならない。

一人１台の端末は遊び道具ではなく、学びに役立つ学習用具なのだ。興味本位の活用から便利な百科事典として、ノートとして、カメラとして、記録用アルバムとして … の使い方を身につけられるようになった。本校においては、「個別最適な学び」「協働的な学び」の実践になくてはならないものとなっている。

　ここでは、これまでの本校における活用事例を紹介する。それぞれ各職員の研究と精進、そして相互連携が伺える貴重な事例である。今後の各校における端末活用の一助となれば幸いである。

（小野田正範　校長）

2 一人１台で学校はどのようになるのか？

◇目標・めあての意識づけによる集団の一体化

　集団で目標に向かって取り組みを継続させていくことはとても難しいです。集団の中には思いを共有しづらい子もいます。さらに子どもたちの興味の対象は、その場面やその時の状況で変わります。

　例えば、運動会の場面において、勝つためにみんなで休み時間に練習しよう、と提案する子がいても、遊びを優先してしまう子が出てきます。そして、作戦を立てても忘れてしまう子もいます。そこで、Trello を活用して毎回の練習のふりかえりを共有し、それぞれが考えた作戦を集約し、修正していく場をネット上につくりました。この取り組みを継続していくうちに、集団の一体感が高まっていきました。運動会後も、これらの情報を見返し、あらためてみんなで頑張れたことを思い出し、次への活力としている子もいます。

◇思いを共有し、蓄積する

　１日の子どもたちの活動を振り返る取り組みは、帰りの会で「い

いとこみつけ」のような形でよく行われています。一人1台のiPad
を活用して、帰りの会の前に友だちのよい行動を見つけてTrelloで
入力し合う活動を加えました。iPadを活用してクラウド上に残して
いくため、内容は消えずにいつでもどこででもみることができます。
クラス全員が自分の手元にあるiPadでこれらの情報をみることが
でき、1人が見つけた友だちのよいところに対して、さらに他の人
がコメントしていきます。頑張った行動を認めてくれる人が一人で
はなく、複数人へとつながっていきます。それも同時に何人も書き
込めるので、1日に何人もの人から自分のがんばっている行動や姿
が認められるのです。逆にみんなのよいところをみつけ、記入して
いくことで多様な視点で友だちをみることができます。
　子どもたちが相互に認め合う関係ができていく。共有した思いが

〈Trelloによるいいところ見つけ〉

蓄積されていくようになります。

これまで、iPad など ICT 機器を活用していたときは、どのように使っていたでしょうか。

子どもたちのよい考えの写真を撮ってテレビ画面に提示したり、理解を深めるために映像や写真を見せたりしていました。どう利用するかを教師から提示する、いわば子どもたちにとって「与えられる」使い方でした。子どもたちが一人1台 iPad を持つと、この「与えられる」使い方が自ら「つかむ」使い方になります。

国語の授業でわからない言葉があれば辞書で調べるだけでなく、画像検索をして視覚的にイメージを膨らませることができます。子どもたちが自ら情報を「つかむ」ようになっていきます。「Trello で体育のチームのボードを作って、チームの作戦を立ていつでも見られるようにしたい」「社会のグループでの話し合いも Trello を使ったら話したこと残せるんじゃない？」と子どもたちが自ら教師に提案してくるようになってきました。子どもたちから【発信する】姿が見られるようになりました。

今回は、Trello というアプリを中心に事例紹介をしましたが、授業の中では Google ドキュメントや Google Jamboard を使うことで共同編集ができることも経験しています。

子どもたちは経験すると、さらによい使い方ができないかと模索し、行動する力があります。一人1台 iPad を持っていることで、学校がこれまでの知識を「与えられる」場から子どもたちが自ら知識を「つかむ」場に、子どもたちが友だちや教師に思いを「発信する」ことで関係を深める場になっていく姿を見ることができました。

（工藤泰浩　3 年担任・ICT メンバー・社会科）

第6章

考え方

　なぜ、日本の教育に ICT が根付かないのでしょうか。

　国立教育政策研究所が公開している PISA2018 調査結果「2018 年調査補足資料（生徒の学校・学校外における ICT 利用）」を見ると、日本の教育における ICT 活用状況は、OECD 加盟国のなかで最下位に位置している結果が目立っています。逆に OECD 加盟国の中でもトップの ICT 活用があります。それは、ゲームや SNS なのです。

　これは「ICT ＝ "ただの" 遊び道具」ということを示しています。これは子どもたちのみならず、教師も保護者も感じていることです。これを払拭しない限り、教育への ICT 活用はマイナスなままです。

　もう一つ困難になっている原因は、ICT が鉛筆や消しゴムと同じような道具だと思われている点です。ただの道具ではないのです。下手をすれば人生を狂わすものにもなったり、大金持ちにしてくれたり、人が生きるために不可欠なものになってきていると認識しなければなりません。それほど ICT とは人間社会にとって大きなものへとなってきていることに気づき、そして目を背けてはならない時期にきています。

　今はむしろ ICT を遊び道具と捉えるほうがいいでしょう。もうすでに子どもたちにとっては、何よりも優れた遊び道具として認識されていて、それを払拭することは難しいです。ただ、"ただの" 遊び道具から "学びに役立つ" 遊び道具へと教育が変えていかなければなりません。

　そのために必要なものが "なぜ ICT を活用するのか" という目的であり、この目的を "光" として強く当てていくことで、ICT の影をなくしていくことをめざしていきます。教育にはそのような力があり、それをすることが、今の時代に生きる教師だからこそできる最

高の仕事ではないでしょうか。

　ICT を肯定的に捉え、失敗を恐れずポジティブにどんどん取り組んでいくこと、本書はその礎のひとつをなすものになると信じています。

（ICT メンバー　一同）

Q & A

さとえ学園小学校に見学に来られる先生方からよく質問される内容についてまとめました。

Q iPad を活用していく上でどうしても破損があると思います。どのような破損がありますか？

A 一番多いのが画面破損です。これは、故意ではなく落としてしまうことが原因です。

　当初、ランドセルの中での圧迫による画面破損のケースがみられました。教科書等と一緒に入れることで圧迫されて画面が壊れてしまったのです。

　これはランドセルの入れる場所（圧迫されないポケット部分に必ず入れること）を指定することで解決しました。

　水没もありました。本校にはビオトープがあり、観察等で iPad を活用しており、池の中に落としてしまうということです。

　Wi-Fi が接続できないというトラブルが多いです。この原因は、落としていることです。見た目は少し傷がつくくらいなのですが、衝撃で Wi-Fi の部分が故障し、つながらなくなってしまいます。

Q 破損した際は、どのような対応をしますか？

A 壊してしまった子のほぼ全員が必ずはじめに言う言葉は、「どうしてかわからないけど、こうなってしまった。」です。とても高価なものです。そして、やはりびっくりしたのと、何とか自分の責任ではないようにしたいという思いがあるのでしょう。こ

の気持ちはよくわかりますし、できることならば叱られることなく新しい iPad と交換してもらいたいのでしょう。

　しかし、私たちはこれを絶好の機会として、やってしまったことの後の行動の指導をする場として活用します。

＜指導基本方針＞

　基本、叱られる場ではなく、成長する場として設定します。

　悪いことをしてしまったことはある意味しかたがない、悪いことをしてしまった後どうすればよいかを指導します。

　目的は、

- 悪いことをしてしまったことを自らが気づくこと（他責にしない）
- 今後どうしていくか具体的な行動で証明しなくてはならないことを知ること

＜指導の具体＞

　以下の 3 点を指導のポイントとし、100 点満点で点数化し、子どもたちに壊してしまったときの話の評価をします。

1. はじめに「ごめんなさい」が言えること →まずこれが言えない。これが言えたら 50 点あげている。

2. 説明責任（こちらが把握している事実と一致しているかどうか）→事実が一致していれば 30 点。状況に応じて点数化する。

3. 今後の行動（あいまいな「きちんとします」ではなく、具体的にできたかできていないかがわかる言葉で表現する）→具体的な行動指針がでていれば 20 点。状況に応じて点数化する。

　壊してしまった子たちはレベルがダウンします。一つはレベルが下がるという責任を果たすこと、そして、壁紙をいつも見ることで上記の 3 点を思い出すことです。

Q 壊した場合、保護者負担になるのですか？

A 基本、学校のほうで保険に入っており、まかなうことができます。iPad導入に際して、同意書を保護者と交わしており、その中に補償がきかないケースが書かれており、その場合での破損・故障に関しては保護者負担の修繕となります。

Q 落としてしまうことも考えて、カバーは、丈夫なものがいいですか？

A 導入当初は、全員共通の革製のカバーを使っていました。しかし、落とした時にiPadへのダメージが軽減されず、画面が割れてしまうことが多々ありました。今では、各ご家庭にて丈夫なカバーをご準備いただいています。学校からもおすすめの丈夫なカバーをアナウンスしています。

Q 子ども自身でパスワードを管理できるか心配です。

A 本校では、主にGoogleのアカウントを使用しています。児童の中には、パスワードを忘れてしまうことはありました。iPadのカバーに忘れないようにパスワードを書いている子もいましたが、絶対にそれはしないように指導します。大人でもはじめは忘れることが多いと思います。このレベルアップ型ルールは、IDとパスワードを覚えていないとテストすらできないようになっています。ですので、そういう機会を増やし、使っていく中でIDとパスワードを使うことに慣れていきます。

Q iPadを、校外に持っていくことはありますか？

A あります。高学年では、校外学習や修学旅行等宿泊を伴う学習など、学校外で使用する機会がいくつかあります。その場で調べたり、色々なアプリでまとめたりと様々な活用ができます。しかし、不注意による破損、紛失、さらには、学習に関係ない使用などもありました。

Q iPadは、旅行先に持っていくことはできますか？

A できます。旅行先に持っていき、思い出の写真を撮ったりする子はいますが、残念ながら、破損や旅行先に置いていってしまうなどの紛失事例もあります。

Q 学校で設定しているiPadのプロファイルが外れてしまうことはありますか？

A 自然と外れてしまうことはありません。しかし、iPadの設定画面からプロファイルを操作できるため、子ども自身で外してしまうことはありました。

（以上、松井駿作　2年担任・ICTメンバー・算数科）

Q iPadを家に忘れてしまった場合はどうしていますか？

A 授業でどうしても必要な時は、学校のiPadを貸し出しています。ただし、本校で実施している「レベルアップ型ルール」で、iPadを忘れてしまうことは減点対象となります。「レベルアップ型ルール」導入後は、子どもたちの意識にも変化が見られ、iPadを忘れてしまう児童は自然と減っていきました。そして、授業は、

Q
&
A

iPad がなくてもできる、ただし iPad がないとかなり不便になるような授業設計になってきています。

Q **充電ができていない場合はどうしますか？**

A 　原則、学校内での充電は禁止しています。もちろん、保護者の方、子どもたちにも事前に連絡をしています。ですので、忘れてしまった場合と同様の扱いとなります。

Q **学習とは関係のないことで利用していた場合はどうしていますか？**

A 　定期的に iPad を回収し、履歴の確認をしていますが、学習とは関係のないことを検索してしまう児童もいます。まずは、児童と話し合う時間を持ちます。そこでは、「iPad はかしこくなるための道具」であることを再確認します。子どもたちも十分に理解しているため、必要以上に指導はせず、自らの行いを振り返り、考え直す時間をつくるようにしています。そして、2週間後に再度回収し、履歴の確認をします。ここまでで、ある程度は改善されていました。

　子どもたちの学びを教員側で奪う行為は絶対にあってはならないと私たちは共有しています。また、授業中の場合、なぜやってしまったかという理由を児童にたずねると、暇だからという回答が返ってきます。つまり、教師も一人1台 iPad をもたせるということでの授業づくりをしていかなければならないのです。

Q ルールを守れなかった場合、取り上げることはしますか？

A ルールを守れなければ、（ブルーからグリーンへなど）レベルを下げるだけです。以前は取り上げることもありましたが、レベルアップ型ルールを導入してからは、レベルを下げるだけで、それ以上の指導はいらなくなりました。

Q iPad のスキルアップ授業は行っていますか？

A 正課授業で iPad のスキルアップに関する授業はありません。iPad は低学年の子どもたちですら操作スキルの指導がいりません。ですので、操作スキルを目的に iPad を活用するのではなく、授業の目標を達成するための活用の中でスキルも鍛えていくことになります。そして、スキルアップ型ルールのスキルアップテストで最低限のスキルが身についたかどうかがわかるようになっています。 基本は、自主的に iPad を触り、たくさん失敗し、失敗を次に活かしてほしいと思っています。それが、必ずスキルアップに繋がります。高学年になると、教員が知らないやり方を、子どもたちから教えてもらうなんてことも多々ありました。

（以上、髙田周治　2年学年主任・担任・体育科）

Q
&
A

Q iPad じゃないと運用できないのでしょうか？

A iPad は必須ではありません。学校で ICT を導入するうえで悩むことの一つとして、子どもたちが使う端末を選ぶことが挙げられます。Chromebook や iPad など、それぞれの端末では操作方法や対応アプリが異なります。なので、学校一括で端末を選ぶ際には、それぞれの端末の特性を理解し、子どもたちにとって使い

やすく学校生活に適した端末を選ぶことが必要です。 本校では、一人1台導入以前に関係先から Chromebook や Windows タブレット、iPad をお借りし教員で操作してみたり、授業で子どもたちに取り組ませたりしていきました。その中でわかったそれぞれの端末の特徴は以下の通りです。

iPad	• Pages・Keynote など apple 純正アプリが使える • 家で使っている児童が多いため、教員が教えなくても簡単に操作することができる。
Windows タブレット	• Word・Excel など教員が使用しているアプリと強い連携ある。 • キーボードとマウスを使用した操作に特化している。
Chromebook	• Google のサービスとの強い連携がある • ウェブ上でアプリを動かすため、ネットワークが常に必要

　Chromebook と Windows タブレットは着脱式のキーボードを使用していたため、タイピング技術の向上がメリットとして挙げられますが、その反面モバイル性や直観的な操作という面では iPad のほうがよいと感じられました。本校では、体験型教育を重視しているため、「直観的に操作できるもの」「校外学習などで持ち運びしやすいもの」として 2018 年度から iPad を導入しました。

◎どの端末でも使える仕組みの導入

　機能面や操作性を考えると端末選びも大切ですが、クラウドサービスや MDM などの選定も重要です。 本校では Google Workspace を導入し、一人1つのメールアドレスを割り当てて、Google のサービスを利用できるようしています。連絡帳の代わりとして使用している Google Classroom は、iPhone だけでなく、Android にも対応しているため、保護者のスマートフォンでも見られるという利点

があります。また、教員のPC（Windows）で文章や表を、GoogleドキュメントやGoogleスプレッドシートで作ることで、子どもたちのiPadでも見ることができます。このように、クラウドサービスをGoogle Workspaceにすることで子どもたちのiPadと家庭の端末、教員のPCとで連携することができ、本校のICT教育を充実させることができました。　本校ではmobiconnectというMDMシステムを用い、アプリを配信したり、機能を制限したりしています。このMDMによって「レベルアップ型ルール」が成り立ち、子どもたちのレベルによってiPadでできることが変わってきます。このMDMはiPadだけでなく、WindowsやAndroidでの導入可能です。しかし、OSによって管理できる項目やセキュリティ設定などが異なるため、導入端末を選ぶ時に確認が必要です。

　今後のICT教育では学校側が端末を貸与する形だけでなく、CYOD（Choose Your Own Device）や BYOD（Bring Your Own Device）も増えてくることが予想されます。そのような中で端末が異なっても混乱なくICT教育を整備していくためにクラウドサービスやMDMの選択は重要だと感じています。ICT機器（ハードウェア）とソフトウェアサービスを上手に組み合わせることで子どもたちだけでなく、保護者や教員にとっても使いやすく充実したICT教育が実現できると思います。

（橋本和幸　4年担任・ICTメンバー・社会科）

Q **ICTスキルの年間計画はあるのですか？**

A 　ありません。なぜなら、このレベルアップ型ルールでICTスキルのすべてを網羅しているからです。

　今のデバイス、アプリは、操作スキルの練習はいらないくらい子どもたちにとっては感覚でできるものとなっています。そのため、

授業でやりたいこととスキルを身に付けることを連動して行うことができています。つまり、授業に支障がない程度の時間でその時間にやりたいICTスキルを身につけることができるのです。わざわざカリキュラムをつくり、別時間をつくって段階的に身に付けていくというやり方はいりません。

　どうしても必要というのであれば、3月の終わりに各学年がどれだけのことをやったのかを残しておくほうが次年度に向けて有効なものとなるでしょう。しかし、日々進歩していくICTにおいて過去のものはあまり役に立たず、むしろ足かせになる可能性が大きいです。授業の目標を達成するための有効なツールを過去にとらわれずキャッチアップしていくことがこれからの教員の能力として必要なこととなるでしょう。

　また、どうしても必要とあれば、ネット上にすでにつくられているものが多く公開されています。それを活用してはいかがでしょうか。

　例えば、以下の情報活用能力の体系的な整理は、一覧することができるようになっています。

次世代の教育情報化推進事業（情報教育の推進等に関する調査研究）成果報告書「情報活用能力を育成するためのカリキュラム・マネジメントの在り方と授業デザイン— 平成29年度 情報教育推進校（IE-School）の取組より—」P14-15

　以前ならば「特別なたまにしか触らない道具」のため系統立てたスキルアップをめざすカリキュラムが必要でしたが、今は「常時活用する道具」のため、カリキュラムはカタチだけのもの（授業と連動しない）となってしまいます。ですので、授業の中で、授業の目標を達成するためにやりたいこととスキルを連動することを行っているだけになります。

例えば、本校には各教室には小さいテレビしかなく、電子黒板やプロジェクタなどの拡大提示装置はありませんが、何か共有したいのであれば1年生からクラウドを活用してそこで共有しており、その仕組み等もわざわざ教えなくても、やりながら理解できています。

Q **軌道に乗せるためにどのような取り組みをしましたか？**

A ビジョンとチームづくりです。

話は、一人1台デバイスの導入をするかどうかに遡ります。当時（2016年）、本校はICT環境の整備が急務でした。コンピュータ室に最新のPCを40台ほど導入するという流れが通常かと思いますが、

- 一人1台デバイスの必要性が高まりつつあるときだったこと
- 日本の教育のICT化は世界の国々と比べてもかなり遅れている状況であること
- 日本の教員の優秀さ故のICTを使わなくても十分授業は成立していてICTはどちらかというと悪者扱いされていたこと

など、本校では今ではなく、先を見通した上で、一人1台デバイスの整備を行うことにしました。つまり、ICT機器の文房具化です（現在は、"iPadは空気のような存在"ですが）。

今は受け入れられないことかもしれないが、5年先、いや数年先には日本全体が動かなければならないことだと捉え、どこよりも早く一人1台デバイスを確立するという挑戦をスタートすることにしました。そして、私立だからできるのではなく、「公立校のモデルになる」という目標を掲げ、このことで日本の教育をアップデートするという大きなビジョンを設定しました。

本ビジョンのねらいは、自分たちのためではなく、他者の役に立つというマインドセットも含まれており、私たちは常に公立校と同

様に「お金がない」「人がいない」「反対が多い」という設定をして
すすめていきました。

　もう一つ、軌道に乗せるために必要だったことは、チームづくり
です。

　チームはつくったのですが、私たちのゴールは「ICT 担当がなく
なること」、つまりチームがなくなることをはじめから想定して動
き始めました。

　きっかけは何でもいいのです。今なら GIGA スクールで当事者と
して動かなければならない状況をつくることが必要でしょう。

☆ビジョン＆チームづくり（例）

　◆公立校のモデルとなる！
　　→日本の教育をアップデートする
　◆ ICT 担当がなくなることをめざす
　　→えんぴつ担当がないのと同じ
　◆研修は全体よりも個々の学び合いで
　　→一斉よりも職員室で隣同士の教え合いを
　　→いつでも誰にでも訊ける環境を

（以上、髙田周治　2 年学年主任・担任・体育科）

終章

その先へ

その先へ

　さとえ学園小学校が実現している一人1台の iPad を日常的に活用する学校づくりは、これから多くの学校が目指していくひとつの形だといえるでしょう。iPad を含めて、デジタルが授業や学校をどのように変えていくのか、ということについては、GIGA スクール構想による情報端末の配備が進んでいる 2021 年から、「本当に学校で使っていく」という段階になるここ数年で、また大きく変わっていくのではないかと思います。さとえ式レベルアップ型ルールの整備・運用に大きな役割を果たした、同校の山中昭岳先生に、これから ICT はどのように教育を変えていくのか、ということについてお話を伺いました。

　ICT が授業や学習者への影響度を測る尺度として Ruben R. Puentedura(2010) が示した SAMR モデルに山中が加筆した図を示します。

　私たちさとえ学園小学校が ICT を活用した教育のめざすところは、このモデルでいう Redefinition（再定義）です。それがどんな

教育かはまだ見えていません。ただ、ICTが学校・教師から子ども
たち自らがコントロールするものへ、そして空間や時間にとらわれ
ず学ぶことができ、それにより課題の質がより個性化されていくこ
とだと想定しています。

　現段階の日本の教育でのICT活用はSubstitution（代替）がほと
んどではないでしょうか。なぜなら、学校が子どもたち一人ひとり
のデバイスを管理しているからです。

　このことは、いいも悪いも含めて子どもたちが使いこなしていき、
そして自らをコントロールしていく学びを奪っています。ただ、今
の日本の現状で、いきなり何もせずに一人1台デバイスを自己管理
で渡しても混乱を招くだけになるでしょう。ですので、レベルアッ
プ型ルールのような段階を経て鍛えていくことが必要なのです。

これから一人1台のデバイスを持って授業に活用していくという学校
も多いと思うのですが、そうした学校の先生方に伝えたいことがあるか、
伺ってみました。

　さらに、一人1台のデバイスは、今までの授業にただ導入しても
邪魔なものとしかみられないでしょう。それは、ICTがなくても成
立していた授業をおこなっていたからです。そこに強引にICTを加
えていこうとするため、不具合がおきるのです。

　子どもたちが一人1台デバイスを持つということは、子どもたち
一人ひとりが教師より知識をもった存在となり、また教師がコント
ロールすることができない大きく広がった遊び場をもつということ
を認識しなければなりません。しかし、それはマイナスな発想では
なく、新しい授業の創造への一歩として捉えるべきです。

　つまり、子どもたちは一人1台で知識や技術の習得は自らできる
ようになっていくため、授業の目標、その目標を達成するための方

法を、これからの教師は今までにないものを創り出していかなければならないのです。

　新しいテクノロジーは今までできなかったことをできるようにしてくれます。指導の個別化、そして学習の個性化はその最たるものでしょう。この2つはICTなしでは叶えることができない取り組みです。ただやみくもにICTを活用しよう、ではなく、このようにICTを活用の目的を明確にしていかなければなりません。

　しかし、そうなるための大前提があります。それは、一人1台デバイスを学校管理から個人管理へうつすことです。

　大人も子どもも iPad が遊び道具であるということも含め、学びに役立つ道具として、さらには生活の中でかかせない道具、あるのが当然であり、ないと困る、まさに空気のような存在へと進化していかなければなりません。学校管理にこだわっている限り、SAMRモデルの代替から離れることはできません。いくらたっても子どもたちは育たず、保護者は他責にし、教師には大きな負担でしかなくなります。

　さとえ式レベルアップ型ルールについては、「一人1台のルール」として、子どもたちのスキルとモラルの向上を目指すものにもなっていますし、何よりスキルとモラルを持っている子どもたちを「iPadをかしこくなるための道具として使える」と信頼して、彼らに学びのコントロールを任せているように思います。

　さとえ式レベルアップ型ルールは、これからどのように発展していくと考えているかを最後に伺ってみました。

　2021年度から本校ではCYOD（Choose Your Own Device）をスタートします。

　真のBYODをめざし、次のステップとしてのCYODです。

CYOD 版レベルアップ型ルールをつくっていきます!!

　さとえ学園小学校は、まだまだ前へ進みます。私たちから日本の教育、いや世界の教育を新しくつくっていきます。そのための第2ステージを踏み出していきます!!　そこには大きな困難やトラブルが待っていることでしょう。しかし、保護者、教職員、そして何より子どもたち、三位一体となって問題を解決し、新しい"何か"を生み出していきましょう。

　以下は、保護者へ、そして子どもたちへのアナウンスです。

【保護者の皆さま】

　3年間、3年生は2年間の iPad 一人1台の取り組みにより、子どもたちのスキルとモラルは、全国でも類を見ないレベルまできています。
　さらなるレベルアップをめざし、この度 CYOD を導入しました。
　学校で管理され、守られた環境から、自ら責任をとっていくレベルでの活用への移行となります。
　この CYOD のポイントは、ずばり「家庭の ICT 教育力」です。
　我々よりもはるかに知識とスキルを持たれた保護者の存在、苦手だと感じられておられる方、様々です。
　この一年、そんな皆さまと「共育」のもと研修等でご家庭も含めた学校全体としてのレベルアップを図っていきたいと思っております。
　そして、このことが iPad にふりまわされない、AI、ビッグデータ時代を自らが創っていくような人間としての真の力をもった人材へと育てていくことができると信じています。

終章　その先へ

【子どもたちへ】

iPad がよいかわるいかを決めるのは、使っている人間です。

さとえ学園小学校では、歴代の児童会が掲げているスローガン「iPad はかしこくなるための道具だ!!」があります。

「今の自分の使い方はかしこくなるためなの？」というふうに自分に問いかけてみてください。

グリーン、ブルーでは YouTube は禁止ですが、なぜだかわかりますか？

この**「今の自分の使い方はかしこくなるためなの？」**と自分に問いかけができていないからです。

YouTube は決してわるいものではありません。

使い方によっては、とってもかしこくなるためのものへと変化します。

今回の CYOD では、例えば、YouTube に支配されない力、TPO に合わせた活用、アナログとデジタルの双方のよさを捉えた上での活用など、自らをコントロールできることを含めたバランス力を身につけます。

６年生のある子が、

「先生、３D 地図に表せるアプリをみつけて、ビオトープの地図を今度つくってみんなに紹介します。」と話してくれました。

これはゴールドレベルですね。

iPad がかしこくなるための道具として、つまり"光"の活用をどんどんみつけていきましょう!!

ただし、CYOD 版レベルアップ型ルールの最低限としてのグリーンレベルをまずはクリアしてからです。

これからはお家の人がレベルを判断してくれます。

iPad という学びに役立つ道具は、お家の人が与えてくれたということを忘れず、感謝の気持ちをもち続けてください。

　そして、iPad を持つということは、大人と同じような責任をもたなければならないということにもつながります。

　何か悪いことをすれば、誰のせいでもない、あなた自身が責任をとらなければなりません。

「今の自分の使い方はかしこくなるためなの？」

　これさえできればそんな心配はいりません。

　日本全国の子どもたちのモデルとしての役割を果たしましょう‼

（山中昭岳　6年副担任・ICT メンバー・総合）

　一人1台のルールは、一度つくったらそれで終わりというものではなく、絶えずアップデートされていく必要があるのだと思います。子どもたちが「かしこくなるための道具」として使えているのか、それを先生方だけで評価するのではなく、子どもたち自身でも評価し、保護者も一緒に評価していく形をつくっていくことが重要だと思います。

　さとえ式レベルアップ型ルールのこれからの進化ももちろん楽しみですが、日本全国の学校で一人1台のルールがそれぞれの学校に合わせた形でつくられていき、子どもたちが一人1台の情報端末を「○○のための道具」として使いこなす日が来ることが、子どもたちの可能性を大きく広げていってくれると思います。

終章

その先へ

● 著者紹介

為田裕行 （ためだ ひろゆき）

フューチャーインスティテュート株式会社 代表取締役

教育 ICT リサーチ 主宰

■経歴　慶應義塾大学総合政策学部卒業後，大手学習塾企業へ就職。一斉指導、個別指導，合宿教育などの現場で鍛えられ，1999 年フューチャーインスティテュートの設立に参画。東京都における教師への教材開発支援に関わり，現場への教育 ICT 導入の可能性を模索。幼稚園・小学校・中学校・高校・大学の教壇に立つと共に，学校の先生向けの研修プログラム設計，授業計画コンサルテーション，教育テレビ番組や幼児向け教材，サービスなどの教育監修を行っている。

■外部委員等　戸田市教育委員会 21 世紀型スキル育成アドバイザー，ICT CONNECT 21 EdTech 推進 SWG サブリーダー，成城学園情報一貫教育推進検討委員会アドバイザー，セサミストリート・ティーチャー

■共著　『学校アップデート』（さくら社，2020 年）

協力　学校法人佐藤栄学園　さとえ学園小学校

校長　小野田正範

教頭　小澤賢一，鈴木 眞

科長　津田 桂

＜以下五十音順＞

浅田裕太郎，新井紀一，五十嵐俊二，石井美帆，伊藤彩華，伊藤元気，伊藤 渉，岩井見奈，ジャスティン・オイスタッド，大田彩奈，大田秀雄，大山知子，岡 宏美，小澤彩加，萱田裕子，工藤泰浩，黒澤瞳，小出庄太郎，坂本遼介，佐瀬麻衣子，澤田遊歩，鈴木俊喜，須田智之，ポーラ・スミス，住友幸子，関口茂樹，髙田周治，高橋 茂，武田育子，塚田智子，中山愛理，野末忠雄，橋本和幸，早川絵美，広沢玲子，前川紀子，デビット・エル・マクレーン，松井駿作，室井佑介，茂木重男，山口遥加，山口雄哉，山中昭岳

ブックデザイン：佐藤 博

一人1台のルール
自由に情報端末を使えるようになるために

2021 年 7 月 7 日　初版発行

著　者　為田裕行
発行者　横山験也
発行所　株式会社さくら社
　　　　〒 101-0051　東京都千代田区神田神保町 2-20 ワカヤギビル 5 F
　　　　TEL：03-6272-6715 ／ FAX：03-6272-6716
　　　　https://www.sakura-sha.jp　郵便振替 00170-2-361913

印刷・製本　中央精版印刷株式会社

さくら社の理念

● **書籍を通じて優れた教育文化の創造をめざす**

　教育とは、学力形成を始めとして才能・能力を伸ばし、目指すべき地点へと導いていくことでしょう。しかし、そこへと導く方法は決して一つではないはずです。多種多様な考え方、やり方の中から、指導者となるみなさんが自分に合った方法を見つけ、実践していくことで、教育文化は豊かになっていきます。さくら社は、書籍を通じてそのお手伝いをしていきたいと考えています。

● **元気で楽しい教育現場を増やすことをめざす**

　教育には継続する力も必要です。同時に、継続には前向きな明るさ、楽しさが必要です。先生の明るい笑顔は子どもたちの元気を生みます。子どもたちの元気な笑顔で先生も元気になります。みんなが元気になることで、教育現場は変わります。日本中の教育現場が、元気で楽しい力に満ちたものであるために──さくら社は、書籍を通じて笑顔を増やしていきたいと考えています。

● **たくましく豊かな未来へとつなげることをめざす**

　教育は、未来をつくるものです。教育が崩れると未来の社会が崩れてしまいます。教育がたくましくなれば、未来もたくましく豊かになります。たくましく豊かな未来を実現するために、教育現場の現在を豊かなものにしていくことが必要です。さくら社は、未来へとつながる教育のための書籍を生み出していきます。